儿童
成长
管理

U0676433

时间管理

快速提升孩子的自主学习力

Brent ◎著

江西教育出版社
JIANGXI EDUCATION PUBLISHING HOUSE
·南昌·

图书在版编目 (CIP) 数据

时间管理：快速提升孩子的自主学习力 / Brent 著
. —— 南昌 : 江西教育出版社 , 2022.1
ISBN 978-7-5705-2480-8

Ⅰ . ①时… Ⅱ . ① B… Ⅲ . ①时间 – 管理 – 儿童读物
Ⅳ . ① C935-49

中国版本图书馆 CIP 数据核字 (2021) 第 206429 号

时间管理：快速提升孩子的自主学习力

SHIJIAN GUANLI：KUAISU TISHENG HAIZI DE ZIZHU XUEXILI

Brent 著

江西教育出版社出版

（南昌市抚河北路 291 号 邮编：330008 ）

各地新华书店经销

江西润达印务有限公司印刷

开本 880 毫米 × 1230 毫米 1/32 印张 9 字数 190 千字

2022 年 1 月第 1 版 2022 年 1 月第 1 次印刷

ISBN 978-7-5705-2480-8

定价：48.00 元

赣教版图书如有印装质量问题，请向我社调换 电话：0791–86710427

投稿邮箱：JXJYCBS@163.com 电话：0791–86705643

网址：http://www.jxeph.com

赣版权登字 -02-2021-664

前言

你的孩子是否存在以下问题：

早上赖床，穿衣服磨蹭，吃饭磨叽，如果不催着，几乎每天上学都会迟到；

写作业拖拖拉拉，1 小时的作业，经常因为各种事情分心，拖到 2~3 个小时才能完成；

每天学习到很晚，实际上却没有效率，家长不盯着，他们就会习惯性"放飞自我"；

缺乏合理的时间规划，对于喜欢的事做起来没完，而完全不顾后面更重要的事；

……

这些迹象都说明孩子们缺少时间管理能力。如今，孩子时间管理的能力受到越来越多家长的重视，这是培养孩子自立能力的基础，拥有时间管理能力，对于孩子未来的人生能起到至关重要的作用。

我在成人时间管理领域钻研多年，一直致力于帮助职场人士提升工作效率。我发现一个问题，大多数人都存在拖延行为，虽然很重视时间管理技巧，但是积习难改，很多坏习惯导致他们的工作效率低下。所以我意识到，改变低效人生，要从孩子抓起，毕竟有些习惯一旦养成，改起来会非常困难。

本书旨在让家长帮助孩子掌握管理时间技巧的同时，还与科学的学习方法相结合，既能提升孩子学习时间管理的意愿，同时又可以运用到平时的生活中，具有很强的实用性。

这本书的逻辑性与针对性较强，第一课的作用在于激活大脑，介绍了脑力训练的一些方法。第二课的目的是培养孩子的时间观念，正式开启时间管理的课程。第三课介绍如何制订学习计划，从整体上把控进度。第四课讲的是行动力，计划是前提，执行才是关键。第五课讲的是自控力，孩子的意志力有限，必须掌握保持专注的方法，才能学会自控。第六课具体介绍提升学习效率的一些方法、技巧。第七课则是专门解决孩子的拖延行为，这是大多数孩子普遍存在的问题，严重影响学习效率。

本书以时间管理为主线，在内容方面穿插相应的学习方法，相信通过这本书的学习，可以让孩子的时间管理能力得到质的飞跃。

目录

LESSON 1 脑力觉醒
让大脑越用越聪明

　　想要培养孩子的时间管理能力，首先要激活孩子的大脑功能，让大脑飞速运转起来，这样才能提升做事效率。聪明人往往都是高效能人士，因为他们善于动脑，做事有方法。所以，开始训练吧，激发最强大脑！

LESSON 2 | **时间观念**
学习更高效的时间管理技巧

　　大多数孩子缺少时间观念，这也是导致他们学习效率不高的原因之一。懒散、无序是孩子的天性，所以需要父母告诉他们该做什么、怎么做、在多长时间之内完成，这就需要让孩子认识时间、重视时间，并掌握相应的时间管理技巧。

LESSON 3 | 学习计划
计划早安排，学习效率高

学生是最需要制订计划的群体，因为他们的自控力较差，学习计划就是用来约束他们的。

LESSON **4** | **行动力跃迁**
高效执行学习计划

从出生算起，一直到 20 多岁，大脑关于执行能力的发育从未停止，在长达 20 多年的时间里，也是孩子成长的关键时期。

LESSON 5 儿童自控力
保持专注才能提高效率

孩子的自控能力普遍较差，很难长时间专注于学习，势必会影响学习效率。改变这种情况，除了充分调动意志力外，还需要相应的方法，这样才能更好地掌控自己的时间与学习。

LESSON 6 效率为王
提高学习效率的关键训练

如何在尽可能短的时间内提高学习效率，这是每一位父母跟孩子最关心的问题，提升学习效率并不是累积时间那么简单，这需要孩子更好地掌控时间和更有效地学习，这也是本章教学的目的。

LESSON 7 人人都能戒掉拖延症
教会孩子从小与时间做朋友

拖延症不仅会影响孩子的学习效率，还会对其生活造成影响，孩子一旦养成做事拖延的习惯，步入社会、开始工作之后也将受其影响。改变或者减少拖延的行为，孩子的学习效率将会大幅提升。

附录 孩子时间管理训练表格模板

LESSON 1

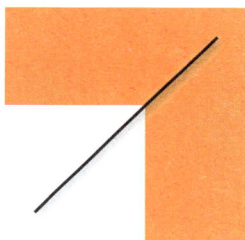

脑力觉醒
让大脑越用越聪明

　　想要培养孩子的时间管理能力，首先要激活孩子的大脑功能，让大脑飞速运转起来，这样才能提升做事效率。聪明人往往都是高效能人士，因为他们善于动脑，做事有方法。所以，开始训练吧，激发最强大脑！

目标训练：简洁明了制订当日目标

帮助孩子进行脑力训练，最简单的方法就是从制订当日目标开始。当孩子拥有了制订计划的能力之后，再告诉他们尽量用简短的句子描述当日的目标，其字数限定在 20 个字之内。

❓ 为什么是当日目标？

因为孩子年龄小，缺少逻辑性，长远目标对他们来说有难度，制订当日目标更为简单、实际。

❓ 为什么是 20 个字之内？

孩子的语言组织能力尚不成熟，往往喜欢用一串句子表达当日目标，限定字数，就可以让孩子动脑思考，斟酌用词。

在制订目标的过程中，父母要引导孩子用他们能够理解的事物设计。对于年龄较小的孩子，父母可以引导他们，告诉孩子目标就是今天希望完成哪些事情，比如完成拼图游戏、参加足球训练。

引导孩子自己设计表格时，一定要给孩子准备他们喜欢的小本子，从小养成好的习惯，对于提升兴趣很有帮助。当孩子大一些之后，还可以让他们通过电脑软件、手机 APP 等进行设计，这些都是当今趋势，而且很容易提升孩子的兴趣，从而帮助他们养成好的习惯。

先鼓励孩子写下当天最重要的三件事。

"我要参加足球训练营。"——9 个字

"我今天要完成三幅简笔画：一只小鸭子、一个笑脸和一朵小花。"——25 个字

"我要自己穿衣服。"——7 个字

很明显，第二个目标超出了字数要求，这时父母就要告诉孩子他的目标不符合规则，字数需要缩减。

可以向孩子提问：

"第二个目标一共几个字？"

"我们要求的是几个字？"

"超出了几个字？"

"怎样缩减字数？"

孩子思考的过程，就是练习脑力的过程，这能让孩子的脑功能区更加灵活。

当孩子将第二个目标缩减为"我今天要完成三幅简笔画"之后，还可以引导他们按照目标的轻重缓急进行排序，找出最重要或者自己最感兴趣、想要先去完成的目标。

在这个过程中，孩子就会分析目标的合理性与重要性，可以训练逻辑思维能力。例如，自己穿衣服显然要排在第一位，简笔画更适合上午来做，而到了下午就可以出去踢足球了。

"我要自己穿衣服。"

"我今天要完成三幅简笔画。"

"我要参加足球训练营。"

● 自我训练

每当孩子学习完一个知识点之后，都应让他们进行相应的自我训练，目的是巩固所学知识，将其顺利地应用到实际生活与学习之中。

研究表明，制订目标可以帮助孩子培养自律意识，同时加强内在驱动力，有助于完成他们自己设定的计划。

这一节我们要练习每日目标的制订，当孩子完全掌握之后，可以开始练习每周目标、每月目标的制订。

我将目标制订分为三个步骤，让孩子根据每一个步骤自行练习即可。

▶ 第一步：制订明日目标

我们以学习为例，结合孩子当天在学校的学习情况，设定第二天的学习目标。为什么不设定当日目标？一般来说，孩子在上完一天的课之后，回家可能还要写作业，即便设计当日目标，可能也没有时间、精力执行了，故最好直接设计第二天的目标。

以学英语为例，假设当天学习了一篇新课文，那么第二天的目标就可以设定为"掌握 20 个新单词"。根据以上思路，完成下面的表格。

每日学习目标	
科目	**目标**

注意：设定目标切忌贪多，有些孩子制订目标的时候很高兴，写了一堆第二天要做的事情，但是完全没有考虑到个人的能力与精力，结果大部分目标都没有完成，这样会打击个人积极性。

▶ **第二步：分享目标**

这一步也很重要，分享目标能起到监督与激励的作用。例如，将你的目标告诉父母，父母就是你的监督员，当你产生懈怠感的时候，父母就会提醒你并督促你完成既定任务。你也可以将目标分享给同学，彼此监督，这样可以起到激励的作用。

你想将目标分享给：_____

你想将目标分享给：_____

你想将目标分享给：_____

你想将目标分享给：_____

你想将目标分享给：_____

注意：不同的目标可以分享给不同的人，不一定因为跟谁关系好就将所有目标都分享给对方，而是要看分享目标的人能对自己有多少帮助。例如，将数学学习目标分享给数学课代表，将英语学习目标分享给英语课代表，这样对自己的帮助更大。

▶ **第三步：目标执行**

目标执行是关键的一步，再多梦想也比不上立刻行动带来的效果。为了简化流程，以及强化执行效果，我们必须落实具体任务的执行时间。一到既定时间，就按照表格执行，对于孩子来说，这种执行方法效果更好。

目标执行表	
目标	执行时间

注意：过于复杂的目标设计可能并不适合孩子，一次专注于一件事，效果最好。

「**目标倒推法**」 ⇉

目标倒推法可以降低学习任务的难度，运用方法很简单：先设定终极目标，然后根据终极目标逐步确定每一个

阶段的具体目标，从第二个阶段开始，每一个阶段的目标都比上一个阶段的目标更小。

以背单词为例，假设你的终极目标是一周内记住100个单词，按照目标倒推法制订计划：

终极目标→7天，100个单词

较大的目标→周一到周三，50个单词

较小的目标→周四到周五，30个单词

最小的目标→周末，20个单词

脑力训练：列举身边小朋友的 3 个优点

为什么是 3 个优点，而不是 3 个缺点？实际上，方法都是一样的，目的都是激发孩子大脑的思考区域。

但试想一下，换作你，你愿意举出同事的缺点还是优点呢？

我们要培养孩子从小积极思考的习惯，所以必须是优点，这样才能引导他们向正确的方向发展。

为什么是 3 个？对于优点来说，这个数量不多不少，如果只说出一个优点，显然很容易，孩子不用思考就能脱口而出；但是如果要说出小朋友的 3 个优点，就需要孩子动一动小脑筋了。

"小红长得很漂亮。"

"小红的裙子很好看。"

"小红跳绳很快。"

……

如果发现孩子可以轻而易举地说出身边小朋友的 3 个优点，那说明他们的小脑袋瓜很灵光，这时父母可以增加难度，鼓励孩子继续。

"乖宝，你还能说出第四个、第五个优点吗？"

父母还可以根据已有问题进一步提问，引导孩子继续思考：

"老师为什么表扬小红呢？"

"因为小红跳绳跳了 185 个。"

"哦，这么厉害啊！那你跳绳跳了多少呢？"

"170 个。"

"那么你和小红的差距是多少个呢？"

"15 个。"

……

还有一种情况，先来看一个举例：

小明的妈妈让孩子讲出邻居小军的 3 个优点，结果小明说了小军一堆的缺点。

"小军喜欢抢我的玩具。"

"小军总是欺负我。"

"小军说脏话。"

……

如果孩子说不出小朋友的 3 个优点，或者出现上面这种情况，父母就必须做出引导：

"小军为什么要抢你的玩具呢？"

"小军为什么总是欺负你？"

"你认为小军说脏话的行为对吗？"

引导的过程也是激发孩子思考的过程，同样可以锻炼孩子的大脑思考力。

「警惕学习型大脑」➡

　　这里说的学习型大脑，是指那种只会学习的人。这对于学生时代来说看似是一件好事，但是进入社会之后，你就不会这样认为了。这些人处理人际关系的能力相对较弱，相比学生时代，进入社会后的他们没有在学校受欢迎。所以，对孩子来说，要全方位开发大脑，而不要只是专注于学习功课。

时间限定：给大脑制订任务时限

成人在制订工作计划时，都会利用最后时限进行自我监督，以此提升工作效率。如今，存在拖延行为的人很多，当一个人在拖拖拉拉地处理任务时，大脑的思考区域也会固定，同时思考速度也会降低，这样并不利于激发大脑的思考功能，还会降低工作效率。

对于孩子来说，要想避免未来形成拖延的习惯，从小养成敏捷思考的习惯很重要——遇到问题时，积极思考，解决一个问题之后，大脑就快速转换，开始思考下一个问题。为了达到这样的目的，就需要给孩子制订任务时限。简单来说，就是为每一项任务设定完成时限，要求孩子在限定时间之内解决问题。

举例来说，父母给小 A 布置了一项任务：玩耍之后，将玩具归纳、整理好，限定时间为 10 分钟。

每一次父母都会提醒小 A 在结束玩耍之后，就要开始进入思考时间，他需要考虑玩具如何归类，同时还要考虑到时间问题——他只有 10 分钟来做这些事。

小汽车放在柜子里；

皮球放在床底下；

绘本放到书柜里；

......

整理结束之后，孩子的大脑思维就会转换到下一件事情上，就会使用不同的脑区域，这个过程可以很好地锻炼孩子的思考能力。

如果不限时，孩子收拾玩具时就不会着急，他们只会考虑玩具如何分类，只用到一个脑区域，同时在磨蹭之中养成拖延的习惯。

左脑在思考这件事上显然更努力，而右脑则显得优柔寡断，如果不设置任务时限，大脑思维就会停滞。

就拿做暑假作业这件事来说，有很多孩子在假期中一直都在疯玩，直到最后几天才想起来还有一本作业没写完。于是他们开始拼命写，甚至有人等到开学了去抄同学的。

很多父母心疼孩子，认为放假了，就该让他们好好放松一下。结果，没有了监督，没有了任务时限，孩子大脑也就没有"完成作业"的意识，"明日复明日'的想法也就在右脑中不断徘徊。

等到假期临近结束，我们又会见证大脑的神奇之处——之前两个月的作业，很多孩子在一周之内就能写完，而且质量并不差。这到底是为什么呢？

这就是因为大脑有了时间限制，意识到这件事的紧迫性，于是开始飞速运转，直至完成任务。

在时间压力的作用下，思考区域从右脑向左脑转移，思考速度、做事效率都得到了提升。

「最佳动机水平」

　　最佳动机水平，也被称为耶克斯—多德森定律，指动机的最佳水平随任务的性质不同而不同。例如在比较简单的任务中，工作效率随动机的提高而上升；而随着任务难度的增加，动机的最佳水平有逐渐下降的趋势。

　　心理学家研究证实，毫无压力或压力太大都将导致拖延行为。因此，让孩子处于最佳动机水平，才能实现最优效率。

　　美国心理学家耶克斯（Yerkes）和多德森（Dodson）认为，中等程度的动机水平最有利于工作效率的提高。同时，他们还发现，最佳的动机水平与任务难度密切相关：任务越容易，最佳动机水平越高；任务难度中等，最佳动机水平也适中；任务越困难，最佳动机水平越低。

　　也就是说，想要实现高效学习，就要找到压力与学习的最佳结合点。每个孩子的心理承受能力不同，必须通过反复实践发现他们承受压力的临界点。

逆向思维：提升大脑反应速度

激活孩子逆向思维的能力，他们眼中的世界就会大反转，长期训练这项能力，他们的脑功能就会得到彻底释放，将比其他孩子更聪明。当孩子逐渐长大后，他们想问题的方式就会与众不同，因为他们眼中的世界是不一样的，想象力与创造力也会远远超过其他同龄人。

父母可以跟孩子玩"石头剪刀布"的游戏，只不过这次要改一改既定的规则：告诉孩子，赢了的人要"哭"，输了的人则要"笑"。先做错表情的一方就算输。

石头剪刀布——

我赢了！

哈哈！

抱歉，宝贝，你输了，我们的规则是赢的一方要"哭"。

这是一个逆向思维的小游戏，很多孩子刚开始肯定不适应，他们会问："妈妈，为什么我赢了要哭呢？赢的一方应该高兴才对啊！"

这时父母就要解释，告诉孩子什么叫逆向思维，以及培养孩子逆向思维能力的重要性。

还有一种培养逆向思维的方法，叫作颠倒输赢。争强好胜是人的本能，尤其是孩子，好胜心很强，如果父母告诉他们，在比赛或是游戏过程中，要故意输掉比赛，必然会激发孩子的思考力。

这时孩子的小脑袋瓜就会开始琢磨：我从来都是想方设法赢得比赛，要怎么才能输掉比赛呢？

还是以"石头剪刀布"这个游戏进行讲解：

布　赢　石头

石头　赢　剪刀

剪刀　赢　布

这是孩子已经形成的普遍认知，那么，想要在游戏过程中故意输掉比赛，孩子就要倒过来想问题——如果对方出石头，自己本来应该出布，但这次必须改为出剪刀。

思维反转——

石头　赢　布

剪刀　赢　石头

布　赢　剪刀

这个过程可以很好地训练孩子逆向思维的能力，因为想要赢的想法以及既定规则已经深深扎根在孩子脑海中，思考如何才能输掉比赛，必然激发其大脑快速运转。

「**思维模式转换**」

你越是苦思冥想，得出的想法就越是味同嚼蜡。

——芭芭拉·奥克利（美国奥克兰大学工程学教授）

在学习过程中，当你面对问题没有思路的时候，就要进行思维切换，换一个角度，换一种思维方式，也许就会找到答案。

恢复训练：养成睡午觉的习惯

午睡是一个很重要的习惯，它可以让大脑迅速恢复到最佳状态，当然，这个前提是你必须睡着。

很多人觉得工作太忙，午睡浪费时间。实际上，这是非常错误的观念，午睡并不需要很长时间，对于成年人来说，10～30分钟足矣。

人体进入深度睡眠状态，只要10分钟就能起到解乏的作用，这会为下午的工作提供足够的动力。

有些人不重视午睡，宁可玩手机也不眯一会儿，结果整个下午浑浑噩噩，大脑始终无法集中精力，导致了低效率。因为吝惜10分钟，他们浪费了整个下午。

纽约爱因斯坦医学院家庭和社会医学教授卡伦·伯纳克说："睡眠不足对于孩子的身体和心理发育都是一种侵害，会带来巨大的影响。"

孩子正处于培养习惯的年龄，午睡则是让大脑保持高速运转的好习惯。从孩子上幼儿园开始，老师每天都会让他们午睡。不过，很多幼儿园小孩到了中班就没有午睡了，部分小学也没有为孩子专门设定午休时间。

浙江大学医学院附属儿童医院内分泌科主任医师董关萍说："午睡对孩子恢复体力、下午上课集中注意力，是有好处的。午睡1个小时左右比较理想。"

「放松激活发散思维」 →

在学习过程中，大脑处于专注模式，然而每个人的意志力有限，不可能一直处于高效专注状态，此时遇到难题，往往没有头绪。这时就需要激活发散思维，它会帮你快速找到解决方法。

休息是激活发散思维模式的快捷方法，每个人只需要选择适合自己的休息方式，如睡觉、散步、洗澡、听音乐等，就可以从专注模式转换到发散思维模式。

你们知道大发明家爱迪生遇到难题时怎么办吗？不是废寝忘食地去攻克难题，而是去小睡一会儿！

睡前训练：总结当天 3 件事

孩子的世界虽然没有成人忙碌，没有那么多工作，不过，就算是玩耍，一天下来也是挺忙的，所以，让孩子找出今天发生过的 3 件事，并不算困难。

如果父母担心睡前总结会影响孩子睡眠，那么可以将这个时间段提前，比如晚饭之后，坐在桌子前问孩子："宝贝，今天在学校都发生了哪些事？给妈妈说说印象最深的 3 件事吧。"

这时，孩子就会开动脑筋，回顾这一天都发生了什么。通过这种方法，不仅可以激发孩子的脑力，还可以了解孩子一天的情况。

如果孩子一时间说不上来，或者只能说出一两件事，父母可以加以引导：

今天最高兴的事是什么？

今天不开心的事是什么？

今天还有哪些事没做完？

针对孩子的情况，总结出三个典型的问题，这样孩子就可以根据问题进行思考，更容易回答。

当孩子熟练掌握这项技巧，每天都能够根据上述问题轻松说出

3 件事之后，父母就应该试着改变问题，加深难度，否则就会减弱孩子脑功能的锻炼效果。例如：

今天哪个小朋友被老师表扬了？

今天哪个小朋友被老师批评了？

今天中午吃了什么？

按照上述方法无限循环，直至不用引导，孩子可以轻松说出 3 件不同的事。

训练到这里还没有结束，这只是第一阶段，当孩子熟练掌握之后，就可以进入第二阶段。

孩子说出 3 件事，只是发现问题，属于浅度思考，接下来要引导他们进入深度思考阶段，也就是具体分析问题。

今天哪个小朋友被老师表扬了？

小明。

老师为什么要表扬小明呢？

因为小明拍球拍了 185 个。

哦，这么厉害啊，那你拍球拍了多少呢？

120 个。

那么你和小明的差距是多少个呢？

65 个。

你需要怎么做才能追上小明呢？

……

对于孩子说出来的 3 件事，父母要善于引导，提出问题，从而引发孩子不断思考。这个过程可以锻炼孩子的思考力。

「睡前 10 分钟」

　　每天拿出 10 分钟用于记忆，如睡觉之前。孩子洗澡之后将重新焕发活力，在困意来袭之前，能高度集中注意力。可以根据孩子的特点，找出适合他们的时间段，在 10 分钟之内高度集中注意力，用来记忆相应的学习内容，如背诵 10 个单词，以此提升记忆效率。

游戏时间

汽车品牌记忆训练

这是一项训练孩子记忆能力的游戏，游戏很简单，父母在带孩子外出的时候，可以顺便教会他们辨识汽车品牌。

⭕ 自我训练

先从最常见且知名度较高的品牌开始训练，如奔驰、宝马。大街上可见的这些汽车，有助于加深孩子的记忆。

不宜选择比较罕见的汽车品牌，如迈凯伦、玛莎拉蒂，虽然是大牌子，但是并不常见，所以不便于孩子记忆。

关于汽车品牌的记忆也是有方法的，对于孩子来说，死记硬背的效果并不好，一定要让他们在理解的基础上记忆。

▶ 联想记忆

以宝马的 logo 为例，进行拼音联想：B →宝，M →马，使孩子看到这两个字母，就会联想到宝马的拼音，这样就更容易记住了。

▶ 音译

福特，现在的孩子从小学习英文，看到这个 logo，直接音译就能记住。

▶ 形象记忆

看到奥迪的车牌你有什么想法？父母可以通过具体形象给孩子讲解，最简单的就是称其为"四个圈"，这样，每当看到四个圈时，孩子就能快速认出汽车品牌了。

上面的方法并不是固定的，父母可以根据自己的经验来教孩子，只要是有助于孩子快速理解的方法就可以。当孩子掌握了辨识方法之后，就可以开始游戏了，每天晚饭之后，带孩子出去散步，然后让他们说出三个汽车品牌，如果答对了，就给予奖励。

⭕ **训练目的**

汽车品牌记忆的训练，目的在于锻炼孩子的大脑记忆能力，同时还可以帮助孩子增加常识，认识大部分汽车品牌。

反义词训练

这个游戏适合 4 ~ 5 岁的孩子，有助于培养孩子逆向思考的能力，同时还可以丰富孩子的词汇量，培养其语言能力，并锻炼其反应速度。

● 游戏玩法

游戏玩法很简单，父母要根据孩子的实际情况，如兴趣点、熟悉的领域、认知程度等，说出一些相关词汇，要求孩子在短时间内说出反义词。

例如，父母说"胖"，孩子回答"瘦"；父母说"白天"，孩子回答"黑夜"。

● 自我训练

通过逐步加深游戏难度，并要求孩子加快回答问题的速度，可以激发孩子积极思考的意愿，并锻炼孩子的脑功能。

Tips

需要注意的是，父母说的词汇不要超出孩子的认知范围，例如，孩子没见过的动物，即便他们可能会回答，其反应速度也会受到影响。因此，要选择孩子熟悉的领域，逐渐加深难度。

找变化

这是一个训练孩子洞察能力的小游戏，游戏很简单，两个人就可以完成。

○ 游戏玩法

给孩子找一个搭档，可以是家长、小朋友，然后两个人互相观察 1 分钟，记住彼此身上的特点，如衣服的颜色、是否戴眼镜等。要告诉孩子，利用 1 分钟的时间，认真观察并努力记住所有细节。

之后，两个人背对背，分别在自己身上做出 3 处明显的改变，如摘掉眼镜、戴上头巾等。1 分钟之后，双方回头开始寻找对方的变化，看谁能在最短的时间内找出变化。

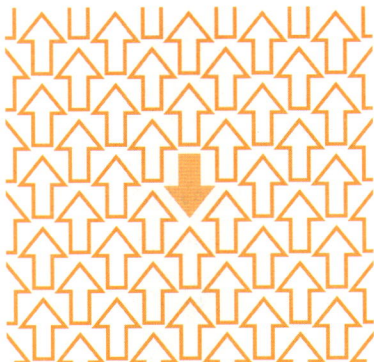

○ 训练目的

找变化的小游戏考验的是孩子的观察力，适合0~6岁的孩子。在寻找变化的过程中，孩子需要不断思考，从而锻炼了大脑功能。

训练观察能力的同时，还可以培养孩子的想象力，这有助于加深孩子对某一事物的理解与记忆。

在培养孩子洞察力的过程中，父母要传授给孩子一些方法，如上面的小游戏，用到的就是比较法，即通过对比寻找不同。孩子只需要寻找变化的地方，不用考虑其他问题，这样就节省了时间，提高了效率。

除此之外还有顺序法，就是按照一定的顺序进行观察，比如，观察一个人时，可以按照从头到脚的顺序；观察一处景物时，可以按照由远及近的顺序。

还有感官配合法，指的是除了看之外，还可以配合闻、听、触等动作，以此配合观察，这样可以取得更好的效果。

游戏就像是练习题，掌握游戏方法才是最关键的，这就要求父母学习科学高效的方法，引导孩子通过游戏的形式进行练习，从而达到锻炼大脑的目的。

字母与动物

字母与动物的游戏，主要考查孩子的单词量与识物能力，需要孩子认识很多动物，而且知道如何拼写。

游戏玩法

游戏有两种玩法，第一种，父母在纸上写出英文的首字母，然后让孩子联想是哪一种动物。

例如，父母给出一个字母——C。

让孩子想出 C 可能是哪一种动物，并写出完整单词，还可以鼓励孩子画出具体的动物形象。例如，Cat——猫。

第二种玩法就是反过来操作，父母说出一种动物，然后让孩子写出具体的英文单词。例如，猫——Cat。

该游戏还可以进行拓展，不限定领域，适合年龄稍大的孩子。也就是说，父母只给出一个首字母，例如：M，然后任由孩子联想，写出自己能想到的所有单词。

McDonald，Monday，Money⋯

训练目的

这个游戏锻炼的是孩子的英文能力、想象力与识物能力，对孩子的单词量有一定的要求。通过这个游戏，可以很好地激发他们学习英文的兴趣。

数字游戏

进行数字游戏的目的是锻炼孩子的数学思维能力，这也是孩子上小学之后需要重视的能力之一。通过进行有关计算方面的练习，能提升思维的灵活性和跳跃性，对于激发孩子的大脑功能十分重要。

数字游戏可以帮助孩子在加强对数字概念的理解的基础上，提高计算的速度和准确率，从而不断提高其分析、比较、抽象、概括、推理的思维能力，这些能力反过来又可以推动孩子在数字概念和计算能力方面的发展。

○ 游戏玩法

父母随便说出一个数字，然后问孩子它的一半是多少，并且记录用时。先从个位数开始，然后十位数、百位数……根据孩子的能力以及反应时间不断递增难度。

如果你的孩子足够聪明，你还可以在锻炼他们计算能力的同时，考验他们的想象力，比如，你可以这样问："8 的一半，除了4，还可以分为哪两个数字？"

实际上，这道题从数字游戏变为了脑筋急转弯，很多孩子会认为，"8 的一半当然是 4 喽"，然而聪明的孩子则会想到从 8 的"长相"来分析：

仔细看看，如果将 8 上下分开，那么它的一半就是 0。

如果将 8 左右分开，你知道答案是什么吗？

⭕ **训练目的**

数字游戏训练的目的，旨在培养孩子的数学思维能力，由于这类游戏本身比较枯燥，所以要求家长在出题过程中融入新颖的训练方式，如设计为脑筋急转弯的形式，能够更好地激发孩子的学习兴趣。

推理游戏

推理游戏是目前非常流行的思维游戏形式之一，如果孩子能够从小养成有逻辑、有条理的思考习惯，可以肯定的是，他们将在学习能力方面超越大多数同龄人。

⭕ **游戏玩法**

在数数的生日聚会上，小伙伴们都来为他庆祝，就在大家玩得正高兴的时候，桌上的花瓶掉下来摔碎了。数数的妈妈听到声音，从房间里出来，看到碎了一地的花瓶，就问："数数，是你打碎的吗？"

数数说："是学学打碎的。"

学学说："是戏戏打碎的。"

游游说："不是我打碎的。"

戏戏说："学学在说谎。"

假设这几个孩子只有一个人说了真话，你知道花瓶是谁打碎的吗？

这是一个考验孩子推理能力的小游戏，父母需要先给孩子讲解推理方法，这样要比孩子瞎猜更有效。

这类推理题属于"只有型"的题目，有一个很好的方法就是使用矩形方阵图来逐一假设满足"只有"的条件，然后看是否有矛盾，有矛盾则假设错误，继续假设；没有矛盾，则假设成立，题目解答完成。

可以做成一个简单的表格加以分析：

数数	是学学打碎的
学学	是戏戏打碎的
游游	不是我打碎的
戏戏	学学在说谎

具体推理过程如下：

依次假设说真话，可在上述表格中做标记——

1. 先假设数数说的是真话，则说明是学学打碎的，那么游游说的"不是我打碎的"是假话，说明是游游打碎的，与学学打碎的有矛盾，所以这一假设错误；

2. 再假设学学说的是真话，又与游游的话产生矛盾；

3. 再假设游游说的是真话，花瓶不是游游打碎的，不是学学打碎的，不是戏戏打碎的，学学没说谎，其中，学学没说谎与不是戏戏打碎的，产生矛盾；

4. 那就只有戏戏说的是真话了，花瓶不是戏戏打碎的，不是学学打碎的游游说的也是假话，所以是游游打碎的。

○ 训练目的

这类推理游戏训练的是逻辑思考力，这是一项非常重要的能力，无论是学习文科还是理科，都需要很强的逻辑推理能力。从小培养这种能力，对于孩子未来的成长非常有帮助。

「**本章知识点**」

描述目标，并限定在 20 字之内。孩子的语言组织能力尚不成熟，很可能用一串句子表达当日目标，限定字数，就可以让孩子动脑思考，斟酌用词。

最佳动机水平。心理学家研究证实，毫无压力或压力太大都将导致拖延行为。因此，让孩子处于最佳动机水平，才能实现最优效率。当孩子学习或做其他事情时，要给他们设定时限，这是一种施压的方式，父母只需要找到孩子承受压力的临界点，就可以让他们的效率最大化。

没有思路的时候，转换思维模式。孩子在学习过程中，经常会遇到没有思路的时候，与其苦苦钻研耗费时间，不如转换思维模式，例如，从专注思维变为发散思维，也许灵感就会乍现。

累了就小睡 10 分钟。再聪明的人也不可能让大脑时刻处于运转状态，况且孩子的意志力有限，一旦意志力下降，就无法专注于学习任务，效率就会降低。这时，简单的方法就是小睡 10 分钟，这是快速缓解疲劳的有效方法。尤其是中午，小睡 10 分钟能够保证下午的听课效率。董关萍医师说："午睡对孩子恢复体力、下午上课集中注意力，是有好处的。午睡 1 个小时左右比较理想。"

睡前 10 分钟练记忆力。每天拿出 10 分钟用于记忆，如睡觉之前。孩子洗澡之后将重新焕发活力，在困意来袭之前，能高度集中注意力。可以根据孩子的特点，找出适合他们的时间段，在 10 分钟之内高度集中注意力，用来记忆相应的学习内容，如背诵 10 个单词，以此提升记忆效率。

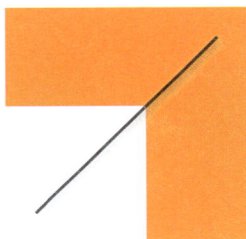

LESSON 2

时间观念

学习更高效的时间管理技巧

  大多数孩子缺少时间观念，这也是导致他们学习效率不高的原因之一。懒散、无序是孩子的天性，所以需要父母告诉他们该做什么、怎么做、在多长时间之内完成，这就需要让孩子认识时间、重视时间，并掌握相应的时间管理技巧。

GTD 流程：时间管理入门

无论对于成人还是孩子来说，时间管理的方法都是一样的。要从小培养孩子时间管理的能力，并且让他们学习理论知识，从而更好地理解时间管理的目的与作用。

进行时间管理，首先要了解 GTD 系统，GTD 的全称是 Get things done（完成每一件事）。

这个概念来自时间管理大师戴维·艾伦，他在《搞定：无压工作的艺术》一书中首先提出了这个概念，我们先来简单了解一下：

GTD 分为五个流程，分别是收集、整理、组织、回顾与行动。

▶ 收集

收集一切还没有完成的事项，在事件还处于收集状态时，我们称其为材料。父母可以教孩子做一张"待办清单"，在上面记录所有未完成的事项。

▶ 整理

收集材料很简单，尤其在互联网时代，很快就会收集到大量材料，为了提高效率，这些都是需要进一步整理的。因此，父母要告诉孩子，不定期对这些材料进行整理、分类，从而归纳出有效的资料。

▶ **组织**

如果某个事项特别复杂，完成它需要多个步骤，那么，不妨将它作为一个"项目"，并组织（分析）一系列的行动事项。例如，应用题是孩子的短板，那么就可以将其单独设为一个"项目"，并具体分析下一步如何行动。

▶ **回顾**

调整你收集的"待办清单"，查看是否有遗漏、尚未收集到的任务，若有，将其加入"待办清单"。这是一个回顾与更新的过程，同时从"待办清单"中删除已经完成或不再需要完成的事项。

▶ **行动**

针对组织好的"待办清单"，选择今天需要完成的"待办事项"，成为"今日待办"，根据孩子的时间、精力，选择他们每天需要完成的事项。

以上便是 GTD 的五个步骤，理论性较强的内容，孩子可能不易理解，这就需要父母进行案例演示，通过具体案例，让孩子学会如何制订目标。

下面我们根据上述流程，制订一天的学习计划。

第一步：收集

很多孩子清晨醒来之后，大脑一片茫然。有些孩子不知道今天要做什么，有些孩子意识到今天的学习任务很重，却不知如何下手，所以想起什么做什么，学习效率可想而知。

按照 GTD 流程做，就会帮你节省很多时间，提升效率。父母要让孩子确定今天的任务，如"制订一天的学习计划"，接下来要做的就是收集资料，这一步很简单，将一天所有涉及的学科以及相关的内容都记录下来，想到什么就写什么，很多孩子都可以轻易完成。

当孩子将脑海中的问题都记下来之后，也就形成了今日的"待办清单"。父母要告诉孩子，这个清单不是一成不变的，因为很可能遗漏重要内容，也可能重复记录，所以随时可以在里面增加内容，或是删除内容。

在进行第一步"收集"的过程中，并不需要排序，这是后面的任务。

举例如下：

学习任务表					
6:25 起床	5分钟 洗漱	5分钟 更衣	3分钟 穿鞋	10分钟 吃早餐	
7:10 出门上学					
7:30 到达学校	升旗	第一节：班会	第二节：数学	第三节：信息课	第四节：英语
中午回家 吃饭					
13:30 上课	第一节：语文	第二节：体育	第三节：大课间		
17:00 放学回家					
19:00 吃晚饭					
20:00 洗漱完毕					

（续表）

学习任务表				
20:00 ~ 21:00 复习功课				
21:00 睡前故事				
21:30 睡觉				

这是收集的相关信息，看起来有些杂乱无章，没关系，接下来第二步就是针对这些信息进行整理。

注：父母可以教孩子使用电脑制作表格，也可以通过手账的形式在本子上记录，当然最方便的还是使用手机 APP 进行记录，本书也会涉及相关内容。

第二步：整理

待办清单准备好之后，就要教孩子进行第二步，开始着手处理这些任务。浏览一下这份清单，我们的目的是制订一天的学习计划，也就是说与学习无关的事项可以删除掉。

那么，根据上述案例整理之后，结果如下：

学习任务表				
7:30 到达学校			第二节：数学	第三节：信息课	第四节：英语
13:30 上课	第一节：语文	第二节：体育	第三节：大课间	
20:00 ~ 21:00 复习功课				

整理之后，表格显得清晰多了。

第三步：组织

组织是把第二步整理之后的材料组织成具体的行动事项。"洗漱"这类简单的任务是不需要组织的，直接行动即可。但是具体到各门课程，如数学课，如果不经过组织，也许孩子就找不到学习方法，比如，今天讲几何，在没有组织（预习）的情况下，孩子听不懂，找不到切入点，那么就很可能产生畏难情绪，从而对几何失去兴趣。

案例：

学习任务表				
7:30 到达学校			第二节：数学	预习几何知识

在知道这节课讲几何的前提下，对于老师可能讲到的知识点进行预习，比如，了解直线、射线、线段、角和角的分类等概念，这就是组织的目的。

第四步：回顾

第四步是一个检查与更新的过程，回顾初始清单，删掉完成项，增加一些新项目。

案例：

学习任务表					
7:30 到达学校			第二节：数学	第三节：信息课	第四节：英语
13:30 上课	第一节：语文	第二节：体育	第三节：大课间		
20:00 ~ 21:00 复习功课					

看看有没有遗漏或需要增补的内容，如果没有就可以进入具体行动阶段了。

上述学习清单没有任何变动，进入第五步行动阶段。

第五步：行动

在完成上述步骤之后，终于进入实质性阶段——开始行动！要告诉孩子，目前清单上的任务不是必须完成的，可以根据自己的能力、时间、精力以及环境的变化、临时事件等，选择处理最重要的一项或多项任务。

案例：

学习任务表					
7:30 到达学校			第二节：数学 （重点项）	第三节：信息课	第四节：英语
13:30 上课	第一节：语文	第二节：体育	第三节：大课间		
20:00 ~ 21:00 复习功课	复习今天学到的数学内容	预习第二天将要讲到的有关数学的知识点			

比如，你的孩子的弱项是数学，所以他选择将数学课作为重点，那么，在其他课程不变的情况下，他只能利用晚上复习的时间主攻数学。这样，重点任务就变为：数学。

带孩子按照上述步骤制订学习任务，通过实际案例的方式，让他们自己制订任务，这样才能加深他们对于 GTD 的理解。在进行第二次练习的时候，还可以让孩子记录时间，最后计算自己节省了多少时间，如此，他们就会意识到时间管理的真正作用了，并从心里开始重视，从而养成习惯。

「30 天时间管理训练」➡

日期	阶段性训练目标	计划与方法
第一周	时间观念的养成（概念认知）	记录时间，养成时间观念
第二周	提升学习速度（快速学习）	制订时间表，为每一项学习任务限定时间
第三周	提升学习质量（精准学习，加深理解）	减少错题率，加深对学习内容的理解
第四周	提高学习效率	根据学习效率进行调整

为孩子制订目标要符合 SMART 原则

为孩子制订目标，除了要遵循 GTD 标准流程之外，还要学习一些时间管理方面的经典方法，最基本的就是要符合 SMART 原则。这是一项很著名的目标管理法则，最早由管理大师彼得·德鲁克在《管理实践》一书中提出，具体包括五项原则：

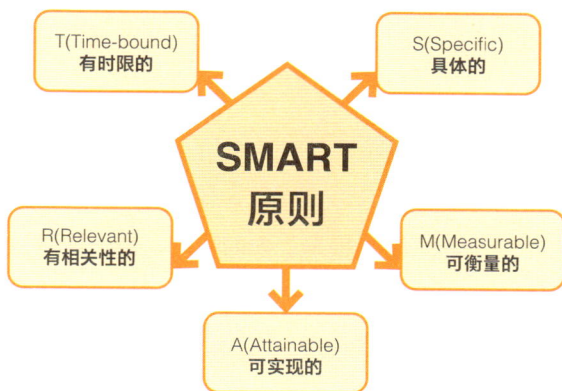

T(Time-bound)
有时限的

S(Specific)
具体的

SMART
原则

R(Relevant)
有相关性的

M(Measurable)
可衡量的

A(Attainable)
可实现的

▶ **具体的**（Specific）

▶ **可衡量的**（Measurable）

▶ **可实现的**（Attainable）

▶ **有相关性的**（Relevant）

▶ **有时限的**（Time-bound）

在开始讲解该原则之前，建议父母先从故事入手，给孩子讲一个简单的小故事，引导他们进行思考：

> 曾经有三组人，分别向十公里外的三个村庄前进。
>
> 第一组的人不知道村庄名字，不知道路程远近，只被告知跟着向导走即可；
>
> 第二组的人知道村庄名字，知道路程多远，但是路边没有里程碑，无法衡量；
>
> 第三组的人知道村庄名字，知道路程远近，同时每走一公里都会看到里程碑。
>
> 根据上述信息判断，你觉得哪一组最先到达目的地？

先不要说出答案，鼓励孩子独立思考，让孩子给出自己的答案与理由，然后再公布答案，根据上面的描述，最先到达目的地的一定是第三组！因为第三组的人有明确的目标，知道总体路程，而且清楚距离目的地有多远，可以调整前进速度。他们的目标完全遵循 SMART 法则，目标清晰、可衡量、可实现，所以他们很容易面对行程中的困难，并战胜它们，迅速到达目的地。

通过一个小故事进行代入，孩子会对 SMART 原则有更深刻的认知，也会更加感兴趣。之后，父母可以结合孩子的学习任务进行讲解，以便于他们理解。

先解释每个单词的字面意义，然后进行展开讲解：

▶ 具体的（Specific）

意思是目标必须清晰，能够指导具体行动。模糊的目标不利于被执行，假设你说"我想成为学习成绩好的学生"，这就不是具体的目标。怎样才算是学习成绩好的学生？每科成绩 80 分算好，还是每科成绩 95 分算好？一旦目标模糊不清，就会影响行动力。

"期末考试，我的数学成绩要考到 90 分。"这就是一个具体目标，只有这样的目标才能带来动力，激励孩子行动起来。

▶ 可衡量的（Measurable）

前面提到了目标要具体，而目标可衡量是指要以数据作为衡量标准。假设孩子希望考出好成绩，那么这个目标必须可衡量，比如，期中考试数学成绩 80 分，那么期末考试就要设定为 90 分，这就叫可衡量。一旦有对比，就会有压力，从而激励孩子更积极地付诸行动。

▶ 可实现的（Attainable）

对孩子来说，过高的目标没有意义，甚至会打击他们的积极性。孩子期中考试的数学成绩刚刚达到及格线，你却要求孩子在期末考试中数学成绩达到 95 分以上，这样的目标可实现性很低，也就没有意义。

▶ 有相关性的（Relevant）

高效能人士的职业生涯都是有延续性的，他们不断积累，不断成长，而且目标从不间断。这些人设定的目标都是相互关联的，三年目标、五年目标、十年目标，都遵循着一条主线。

对于孩子来说也是如此。如果你的孩子喜欢足球，那么就要让他一边锻炼身体素质，一边练习基本功，之后再进行有球训练，学习战术，参加比赛，这叫作相关性。

如果孩子学习足球没几天，父母又让孩子去打篮球，这就是不相关的，虽然同样可以锻炼身体，但是对于实现目标来说，实际上是走了弯路。

▶ 有时限的（Time-bound）

目标必须是有时限的，不能无止境等下去。明日复明日，明日何其多。很多孩子的拖延症就是这样养成的。

人都是有惰性的，孩子更是如此，所以，一个没有时限的目标，对于孩子来说就等于没有目标。假设孩子将目标设定为"提高数学成绩"，那么父母就要给这一目标加上时限，最好是可以量化的目标，如"3 个月内将数学成绩提高 10 分"。有了时限与量化标准，孩子行动起来也会有的放矢。

在具体讲解完 SMART 原则之后，再给孩子讲一个故事，让他们利用刚学到的 SMART 原则进行分析：

某人经过一处建筑工地，看到三位石匠，于是问他们在做什么，三个人分别这样回答：

第一个石匠回答："我在工作，养家糊口，混口饭吃。"

第二个石匠回答："我在努力成为最好的石匠。"

第三个石匠回答:"我正在建造一座大教堂。"

第一个石匠的目标相关性很低,养家糊口这样的目标,任何工作的人都可以实现,不利于进一步成长;

第二个石匠的目标远大,但是不可衡量,因为没有可比性,所以他的目标过于理想化,脱离现实;

相比之下,第三个石匠的目标比较合理,除了缺少时限性,其他几个因素都满足:目标明确,可实现,可衡量,有相关性。

以上内容说明了设定目标遵循 SMART 原则的重要性,它能够有效提高个人做事的效率。

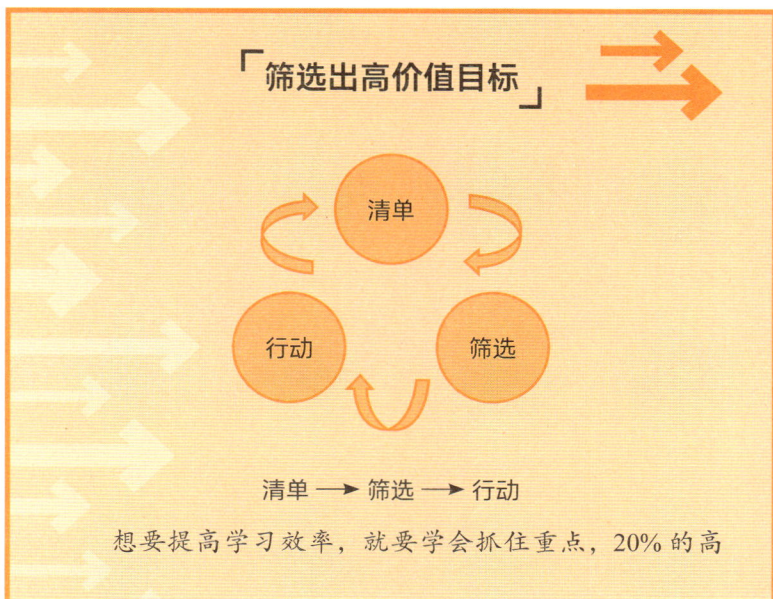

「筛选出高价值目标」

清单

行动

筛选

清单 ➔ 筛选 ➔ 行动

想要提高学习效率,就要学会抓住重点,20% 的高价值目标带来 80% 的成绩提升，找出目标并坚定执行，你需要分三步走：

▶ **清单**

列出所有学习任务。

▶ **筛选**

筛选出现阶段最重要的学习任务。

▶ **行动**

立即执行，学习效率迅速得到提升。

制作时间日志，记录孩子的时间

　　时间日志，其实就是 GTD 五个步骤之中的第一步——收集，将孩子一天的所有活动都记录下来，分别记录每件事情所消耗的时间。

　　初次记录的任务一定要由父母完成，进行 24 小时全天候记录，统计出结果之后，总结相应的方法，然后再去教孩子如何做，让他们自己记录时间。

　　除了记录事件与用时，还要加入"分析栏"与"改进栏"，目的是帮助孩子进行调整、改正。其他栏目根据孩子的实际情况自行添加。

　　下面是记录表的格式：

24 小时时间记录表					
序号	事件	开始时间	结束时间	问题分析	改进方法
1					
2					

（续表）

24 小时时间记录表					
序号	事件	开始时间	结束时间	问题分析	改进方法
3					
4					
5					
6					
7					
8					
9					
10					

　　这样的表格需要 7 张，每周为一个周期，全面记录，包括周末活动也要记录在内。 如果想得到更加精准的数据，还可以按月记录，以 30 天作为一个周期，然后将这些表格装订成册。

　　下面以小明同学星期一的时间线举例，进行信息收集工作：

24 小时时间记录表					
序号	事件	开始时间	结束时间	用时	问题分析	改进方法
1	起床（洗漱、穿衣服）	6:30	7:00	30 分钟	闹铃响后赖床，洗漱时分心玩手机，穿衣服磨叽	·闹铃响后给孩子 5 分钟醒盹时间 ·专心洗漱，时间限定在 5 分钟 ·穿衣服时间限定为 3 分钟 ·预计用时 13 分钟，待优化时间为 17 分钟

（续表）

24 小时时间记录表						
序号	事件	开始时间	结束时间	用时	问题分析	改进方法
2	早餐	7:00	7:20	20分钟	正常	无
3	上学路程	7:20	7:30	10分	正常	无
4	上课	7:30	17:00	9.5小时	听课效率低下	• 培养专注力 • 优化时间管理能力 • 掌握听课技巧 • 优化学习方法 • 做好预习、复习 • 做好课堂笔记
5	晚饭	17:20	18:00	40分钟	正常	
6	休息	18:00	19:00	60分钟	无所事事，玩手机、电脑，看电视	如果孩子精力充沛且无事可做，这段时间可减少至 30 分钟，优化时间为30 分钟
7	做作业	19:00	21:00	2小时	精力不集中，频繁出现喝水、转笔、走神现象	根据孩子的特点，设置番茄钟，提高效率，可优化时间 30 分钟
8	睡前阅读	21:00	22:00	60分钟	阅读不用心，读后记不住内容	为孩子提供感兴趣的优质内容，提高有效阅读时间，可优化时间 20 分钟
9	洗漱	22:00	22:20	20分钟	玩手机、边刷牙边看电视	可优化时间 10 分钟
10	睡觉	22:20	6:30	8小时10分钟	正常	无

　　一周七天，每天都按这个表格进行详细记录，事无巨细。父母还可以跟老师沟通，详细询问任务 4——上课的具体情况，记录孩子每一节课的表现。

　　根据这个表格，对孩子进行时间优化训练，例如，早上起床用时 30 分钟，显然太磨蹭了，父母要逐渐提高要求，让孩子加快速度。例如，起床时间缩短 5 分钟等，孩子经过一周的训练适应之后，再次缩短 5 分钟，直到达到既定的优化时间为止。

注：关于做作业，孩子经常出现注意力不集中的现象，可以根据孩子的年龄特点设定番茄钟，类似的辅助工具有助于培养他们的专注力。

番茄工作法已经被证明是卓有成效的时间管理方法之一，我们也会在之后的内容中讲到，这里先做简要介绍。研究表明，人们在 25 分钟之内的专注度最高，对于孩子来说，这个时间段根据年龄不同而不同。根据这一理论，番茄工作法诞生了，它是一种强制集中注意力的方法，也就是在一个番茄钟的时间内，只专注于手头的任务，忽视其他干扰。

先来看看各年龄段孩子的特点：

5 ~ 6 岁：注意力可持续 10 ~ 15 分钟

7 ~ 10 岁：注意力可持续 15 ~ 20 分钟

10 ~ 12 岁：注意力可持续 25 ~ 30 分钟

12 岁以上：注意力可持续时间超过 30 分钟

根据孩子的年龄特点，将番茄钟设置为相应的时间，在这段时间内，要求他们专注于学习，之后适当休息，开始下一个番茄钟。如此反复，能够有效提高学习效率。

「10000 小时定律」

　　10000 小时定律，最早由作家格拉德威尔在《异类》一书中提出，后被社会各界广泛认可。大概意思就是，想要成为某个领域的专家，就需要至少 10000 小时训练。

　　然而，风靡世界的 10000 小时定律很快就被证明不科学——自身的才能受到基因的影响，如果你在某一领域缺少天赋，怎样努力都是很难成功的。

　　然而，10000 小时定律在学习领域依然有效。研究表明，大部分人在学习的过程中，要想完美掌握某项复杂的技能，只有通过反复练习。

　　天赋、方法等因素都是非常重要的，在不考虑这些因素的前提下，努力就是唯一的方法。勤能补拙，这个道理对于提高学习成绩依旧有效。

"必须做"与"想要做"

很多人之所以陷入拖延的境地，就是因为分不清什么是必须做的事，什么是想要做的事。人们错误地把精力放在想要做的事上，结果到头来想做的事太多，真正完成的没几件，反倒是必须做的事被耽误了。

时间就是这样被浪费的，工作效率也会因此降低，从而被拖入拖延症的恶性循环之中。

孩子也是如此，想要学习的功课很多，数学、语文、英语、计算机……这些都是想要做的事，但并不是必须做的事。第二天要考数学，那么复习数学才是必须做的事。

如果能将其中的利害关系弄明白，就可以更好地利用时间。对此，也可以通过一个表格展示，一目了然，对于必须做的事，还可以用红字或符号标注出来。

序号	想要做的事	必须做的事
1	学英语	
2	学数学	
3	学语文	明天数学考试，所以复习数学是最要紧的！
4	学计算机	注：红色字体与"！"都是为了引起重视
5	弹钢琴	
6	课外阅读	

　　每个人的时间与精力都是有限的，所以，要根据自身情况，对于要做的事进行取舍。在众多时间管理方法中，四象限时间管理法就是针对这种情况的，它可以将待办事项按照轻重缓急进行划分，很容易理清思路，从而先完成最重要的任务。

　　"四象限法则"由美国管理学家史蒂芬·柯维提出，是比较常用的时间管理理论之一——把任务按照重要和紧急两个不同的程度进行划分，基本上可以分为四个象限：

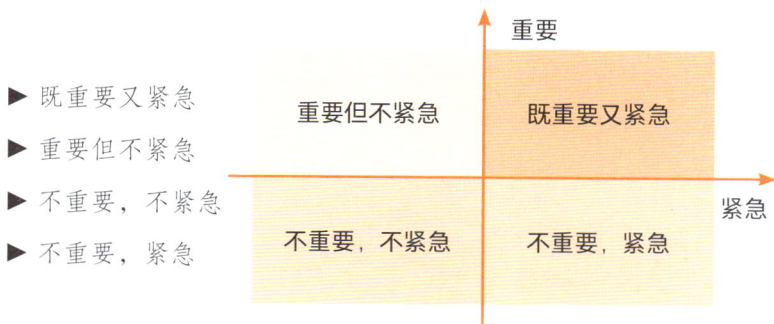

▶ 既重要又紧急
▶ 重要但不紧急
▶ 不重要，不紧急
▶ 不重要，紧急

重要

重要但不紧急	既重要又紧急
不重要，不紧急	不重要，紧急

紧急

为了引起孩子的兴趣，可以先讲一下四象限法则的出处。实际上，该法则又称为"十字法则"，创始人并不是史蒂芬·柯维，而是美国五星上将艾森豪威尔，他为了应付纷繁的事务，发明了著名的十字法则，即画一个"十"字，分成四个象限，这四个象限分别是重要且紧急的、重要但不紧急的、不重要却紧急的、不重要且不紧急的，然后把自己要做的事都放进去。之后，史蒂芬·柯维对该方法进行了改良，并一直沿用至今。

在制订学习任务时，父母也可以教孩子运用此方法，用来划分出必须做的事。

利用四象限法则划分之后，哪些是必须要做的事一目了然。教会孩子这种方法，他们就能够有的放矢，在有限的时间内，将精力放在最有价值的事情上。

「停办清单」

时间是有限的，要学习的知识却非常多，如何在有限的时间内让学习效率最大化，这就需要做出合理的选择。四象限法则是其中一种时间管理方法，除此之外，停办清单也是很有效的方法。

待办事项很容易理解，将一天中的全部事项列出来，这些都是待办事项，停办清单则是将这些待办事项中不那么重要的任务列出来，暂缓执行或者索性不做。

假设明天有英语考试，今天早上列出的待办事项清单是这样的：

1. 晨跑

2. 读课外书

3. 背诵 3 篇语文课文

4. 复习英文语法

5. 快速浏览英文单词

6. 练习钢琴

根据重要程度，整理出一份停办清单：

1. 读课外书

2. 背诵 3 篇语文课文

3. 练习钢琴

也就是说，与第二天英语考试无关的事项，可以有选择性地被列为停办清单，从当日计划中划掉。在待办事项中，晨跑是很重要的，如果孩子已经养成这样的习惯，不要中断。而读课外书、背诵语文课文、练习钢琴，这些事项可以偶尔暂停一次，这样可以为明天更重要的英语考试留出时间。

评估学习任务，确保学习效率最大化

如今的孩子课业负担很重，学校方面虽然一再减压，但是回到家之后父母还会给孩子单独布置任务或者参加课外辅导班。孩子的时间虽然排得满满当当，但是效率却不一定高，这就需要教会孩子评估学习任务，在能力范围之内，实现学习效率最大化。

有没有学进去，只有孩子自己最清楚，父母不应该只安排学习任务而不考虑学习效果。之所以要学习时间管理技巧，其中一个目的就是在有限的时间内，让学习效率最大化。

首先，父母要让孩子制定一张学习任务时间表，了解每一项学习任务所花费的时间。下面是一张课余学习任务时间表，因为上课期间，每个科目的时间都是固定的，只有课余时间才能自主掌控。

学习任务时间表（课余）			
时间	科目	预计耗时	评估
18:30	数学作业	60 分钟	数学题太难，60 分钟的时间无法完成
19:30	语文作业	60 分钟	语文作业相对简单，只需要 30 分钟即可
20:30	英语作业	60 分钟	英语很重要，完成作业之外，可以适当增加课外阅读时间

（续表）

学习任务时间表（课余）			
时间	科目	预计耗时	评估
21:30	钢琴课	60 分钟	不喜欢
22:30	睡前阅读	30 分钟	非常感兴趣，30 分钟太少了

在这个表格中，预计耗时代表父母安排的学习时间，而评估栏则是孩子给出的建议。为了让学习效率最大化，父母应该采纳孩子的意见，让他们自行调整学习时间。

介绍一些具体的时间分配方法：

▶ ABC 分类法

A 代表最紧急、最重要的任务，例如作业，这是孩子每天晚上必须完成的任务。

B 代表一般性学习任务，很重要但不是当天必须完成的，例如，英文课外阅读。对此，可以根据具体情况来定，如果时间不够，那么先完成功课，改天再进行英文阅读。

C 代表不重要也不紧急的任务，例如，钢琴课，这类属于兴趣类任务，可以在时间宽裕或者有兴致的时候进行。

▶ 二八效率法则

这是一种很常见的时间管理方法，即把 80% 的时间与精力，分配给最重要的 20% 的任务；把 20% 的时间，分配给 80% 的一般任务，实现时间与效率的高度统一。

举例来说，假设父母带孩子出去吃饭，回来晚了，离睡觉时间只剩下两个小时，孩子还有数学作业没有完成，另外第二天有英语考试，其他诸如弹钢琴、课外阅读等常规项目都没有做，该怎么分配时间呢？

根据 80/20 法则，孩子应该先做数学作业，然后集中精力复习英语，以备第二天的考试。如果还有时间，可以进行其他项目；如果没有时间，直接睡觉，第二天再进行其他常规项目。

「孩子需要自主时间」

所谓自主时间，就是可以由孩子自由掌控的时间，这段时间对于孩子来说非常重要。

换位思考就能明白，如果你的老板每天把你的工作任务安排得满满当当，你会怎么想？你不是机器人，不可能一项任务接着一项任务执行，你需要有一段自主时间，可以自主选择做什么、不做什么，或者说先做什么后做什么。

孩子也是如此，给他们一段自主时间，让他们选择自己感兴趣的事，不一定要跟学习相关，即便是疯玩也没什么不好，这样可以起到放松的作用。

大脑长时间处于紧张状态，学习效率就会降低，必须进行必要的放松才能保持思考的弹性，从而保证更高的效率。

▶ 对于小学生来说，每天的自主时间至少要有 60 分钟，周末则至少给孩子放一天的假。

▶ 对于中学生来说，如果学习压力很大，那么至少要有 30 分钟的自主时间，周末最好可以到户外放松一段时间。

零散时间，应该学什么？

相对于成人来说，孩子的零散时间更多，由于儿童注意力较差的特性，被他们浪费掉的零散时间加起来可能让人吃惊。

今天的职场，当两个人在能力、人脉、经验等因素方面相差无几的情况下，时间管理能力就成为拉开差距的关键。你在 1 小时内可以处理 3 件事，别人在 1 小时内可以处理 6 件事，那么你就输了。

时间是公平的，但是每个人利用时间的效率却不同，很多人都忽视了零散时间的重要性，这也是他们逐渐被时间管理达人拉开差距的原因之一。

利用零散时间是一种理念，应该从小培养，不仅可以提高学习效率，长大之后也会因此受益，这样的孩子会非常在意时间，希望在有限的时间内尽可能多地做一些事。

忙碌的人生从来都不会太失败，即便是重复工种，他们也会比其他人完成更多的任务。

孩子们的零散时间多到吓人，因为他们做事磨叽，拖延成疾，在好奇心的驱使下，似乎任何事都能让他们分心。如何利用这部分时间，就成为父母的最大课题。

父母可以在平时注意观察并予以记录，帮助孩子整理出可利用的零散时间。可以结合上面讲到的"被浪费的时间表"进行，因为被浪费掉的时间，就意味着是可以利用的零散时间。

自己浪费的时间	被别人浪费的时间
闹铃响后赖床	上学路上堵车
洗漱时分心玩手机	做功课时被其他事情打扰
穿衣服磨叽	复习时小伙伴上门玩耍
听课效率低下，分心、走神	被父母带着去串门
玩手机，玩电脑	休息时客厅电视声音过大

根据这张表格，可以让孩子进行细化，记录具体被浪费掉的时间以及哪些时间是可以利用的：

自己浪费的时间	备注	被别人浪费的时间	备注
闹铃响后赖床	耗时 15 分钟，不可利用	上学路上堵车	耗时 30 分钟，可利用
洗漱时分心玩手机	耗时 10 分钟，可利用	做功课时被其他事情打扰	耗时 5 分钟，不可利用
穿衣服磨叽	耗时 5 分钟，不可利用	复习时小伙伴上门玩耍	耗时 30 分钟，不可利用
听课效率低下，分心、走神	耗时 45 分钟，不可利用	被父母带着去串门	耗时 60 分钟，可利用
玩手机，玩电脑	耗时 60 分钟，可利用	休息时客厅电视声音过大	耗时 60 分钟，不可利用

了解被浪费的时间以及具体耗时之后，父母就可以帮助孩子选择一些他们感兴趣的内容，从而充分利用时间。

例如，上学路上堵车，耗时 30 分钟。这段时间完全可以用来听书，为孩子选择一些他们感兴趣的图书内容，通过听书软件，帮助孩子逐步养成读书的意识。

再比如，排队等候的时候，由于这类时间较短，不适合做具体任务，父母可以教孩子一些基础的健身动作，培养其健身意识。

零散时间与事项安排

▶ 每日洗漱时间

前面已经介绍过，这段时间虽然不长，但是日积月累，也是一段很宝贵的学习时间。

【事项安排】

因为时间较短，可以选择听音乐，提升孩子的艺术修养，陶冶情操。

▶ 排队等候时

这段时间与其玩手机或者无聊发呆，不如利用起来。由于人们在排队等待时容易产生焦虑情绪，孩子也不例外，所以这段时间并不适合进行记忆类学习。

【事项安排】

这段时间可以用来进行课外阅读，阅读一些轻松的故事、文章，或者听一听音乐放松心情，这样做可以确保接下来的时间能够更加专注；也可以用来进行体育锻炼，如深蹲，需要家长教孩子一些基础的健身动作。

▶ 乘坐交通工具时

无论是乘坐私家车还是公共交通工具，都会有很长一段时间可以利用。

【事项安排】

如果是私家车，环境相对安静一些，可以用来阅读、听书，也可以进行相对轻松的思考。

如果是公共交通，环境比较嘈杂，可以用来听故事，听音乐。

▶ 与同学结伴而行时

这段时间不适合闷声学习，否则会显得不合群。这段时间可以用来相互沟通，增进感情。如果说学习的话，最适合相互提问和探讨，对于课上没听懂的问题，抓紧时间请教，有助于对知识的查漏补缺。

【事项安排】

相互提问、讨论，解决之前没听懂的问题。

「瑞士奶酪法」

"瑞士奶酪法"是由美国时间管理之父阿兰·拉金提出的，意思是在一个比较大的任务中使用"见缝插针"的方法，充分利用零散时间，而不要消极等待整块时间的出现。为什么用瑞士奶酪来形容呢？这是因为瑞士奶酪的形状疏松多孔。

"瑞士奶酪法"的使用方式：

▶ 嵌入式

当完成一项科目的学习开启另一项科目时，中间势必会有一段空闲时间，抛开休息时间，根据每个人效率的高低，这段时间可能被耽搁 5 分钟，也可能被耽搁 30 分钟。嵌入式的方法就是充分利用两项任务转换过程中的时间，充分激发自己的发散思维，做一些与之前学习任务无关的事，例如，跟同学聊天，运动，等等。换换脑子，反而能够更好地提升接下来的学习效率。

▶ 并列式

在一个时间段里同时做两件或者多件事。比如，在等公交车的时候看看课外书，做重复性任务的时候听听音乐激活大脑。

▶ **积累式**

化零为整，利用多个零散时间完成一项任务。例如，你想搜集某篇课文的资料，你可以利用平时被浪费的零散时间，每次搜集一部分资料，这种任务不会耗费大脑的认知资源，反而能够起到放松的作用。

每天准点睡觉，保证充足睡眠

只有保证充足的睡眠，才能让大脑高效运转。据说，大发明家托马斯·爱迪生，在遇到难题时不是废寝忘食地去攻克它，而是去小睡一会儿。他这样做的目的是进行思维切换，从专注模式切换到发散模式，这样，说不定当一觉醒来后，灵感就出现了。

每当此时，爱迪生都会拿着一个小球，在躺椅上休息，脚底下放一个铁盘。当他睡着后手中的小球就会落到盘子上，发出的声响会将爱迪生惊醒，这一刻往往能激发出灵感，帮助爱迪生找到解决问题的方法。

爱迪生的方法并不适合大多数人，孩子们也不需要每次使自己惊醒，毕竟孩子正处于长身体的阶段，只需要每天准点睡觉，保证充足睡眠，就可以维持一天学习所需精力。

当感到疲乏的时候，小睡一会儿，让思维模式进行切换，有助于提高学习效率。

充足的睡眠是很重要的，而这一点经常被父母忽视。养成每天准点睡觉的习惯是非常重要的，英国的一项最新研究发现，每天准时睡觉的孩子，大脑发育得更好。

来自伦敦大学的研究人员，针对 11178 名儿童的睡眠习惯与认知测试成绩进行了对比分析研究。他们分别调查了孩子在 3 岁、5 岁和 7 岁时上床睡觉的规律、家庭经济状况、家庭成员构成及生活规律等。

结果显示：在 3 岁这一年龄段，有将近 20% 的孩子睡觉不准时；在 5 岁这一年龄段，有 9.1% 的孩子睡觉不准时；在 7 岁这一年龄段，有 8.2% 的孩子睡觉不准时。

这些被测试的儿童，会在 7 岁时接受认知能力测试，内容包括阅读、数学和空间想象力。对比结果发现，3 岁时每晚准时上床睡觉的孩子，到 7 岁时在认知能力测试中的成绩明显好于睡觉没有规律的孩子。

负责人塞克尔博士分析指出，每晚上床睡觉不准点容易干扰孩子昼夜节律，也容易导致他们睡眠不足，进而影响大脑的"可塑性"。

除准点睡觉之外，充足的睡眠也是非常重要的。

相关科研人员调查研究发现：每日睡眠时间少于 9 个小时的孩子，注意力、自觉性、学科综合成绩等方面普遍比睡眠充足的孩子要差。

那么，如何确定各个年龄段孩子的睡眠时间呢？让我们以科学的数据作为基础，借鉴美国国家睡眠基金会（NSF）最新的睡眠建议。

年龄段	之前的标准	最新标准
新生儿（0 ~ 3 个月）	12 ~ 18 小时	14 ~ 17 小时
婴儿（4 ~ 11 个月）	14 ~ 15 小时	12 ~ 15 小时
幼儿（1 ~ 2 岁）	12 ~ 14 小时	11 ~ 14 小时
学龄前儿童（3 ~ 5 岁）	10 ~ 13 小时	11 ~ 13 小时
学龄儿童（6 ~ 13 岁）	10 ~ 11 小时	9 ~ 11 小时
青少年（14 ~ 17 岁）	8 ~ 10 小时	8.5 ~ 9.5 小时

美国国家睡眠基金会（NSF）的报告指出，人的整个生命周期都要求充足的睡眠时间，但是具体到每个个体，合适的睡眠时间因人而异。（该建议针对健康人群以及没有睡眠障碍的病人。）

很多父母看完表格之后，都会觉得很难执行："让孩子这么早睡觉简直不可能！"为此，美国儿科学会也给出了建议，他们表示，每个孩子基因、性格、家庭环境等因素不同，有的孩子睡眠时间长一些、有的孩子睡眠时间短一些，非常正常。

「如何帮助孩子快速入睡」

▶ 培养孩子良好的睡眠习惯

这一点，父母应该在孩子处于婴儿期时就开始进行。

▶ 帮助孩子建立有规律的睡眠时间

这一点，在孩子出生 3 个月时，父母就应该着手去做了。

▶ 避免一切光线干扰

褪黑素是一种睡眠激素，只有在夜晚、没有光的时候才能产生。褪黑素能够提升睡眠质量，让我们在醒来的时候心情更加愉悦。褪黑素对光线敏感，在孩子睡觉时，要避免房间内的一切光线干扰。

▶ 创造良好的睡眠环境

不仅要避免光线干扰，还要避免声音干扰，创造一个舒适的睡眠环境。

▶ 给孩子讲睡前故事

澳大利亚弗林德斯大学的临床心理学家 Michael Gradisar 说："在所有的行为中，阅读绘本是最让孩子放松的行为。"针对小一点的孩子，父母可以给他们读故事；孩子长大之后，培养他们自己读故事的习惯，这些都有助于睡眠。

▶ 其他事项

例如，泡一个热水澡、睡前喝一杯牛奶、进行身体按摩等行为，都有助于孩子安睡。

游戏时间

时间沙漏

这是一个培养孩子动手能力，让他们学会珍惜时间的小游戏，孩子在制作沙漏的过程中，既提高了动手能力，又激发了大脑功能。

游戏玩法

准备材料（两套）：2个空饮料瓶、纸盒、细沙、胶带、水彩笔、白纸。

游戏开始，父母一边演示，一边让孩子自己动手制作。将细沙倒入一个空瓶，不必装满，用胶带封住瓶口，在胶带上捅出一个直径3毫米的圆洞。

将瓶子倒置，使细沙流入纸盒或者其他容器中，跟孩子一起计时，观察1分钟内沙子的流量。观察沙子的流量，是为了测算3～5分钟需要的沙量，因为孩子的注意力有限，时间过长很容易分心，不容易使其建立时间概念。

测算出相对沙量之后，将这些沙子装入一个空瓶中，与另一个空瓶口对口地用胶带固定，这样一个简易沙漏就制作完成了。

当孩子自己制作好沙漏之后，进入游戏环节。

让孩子分别测算 1 分钟、3 分钟、5 分钟所需要的沙量，并用涂成红、绿、蓝三色的细纸条，在自制沙漏瓶身的相应位置分别标出 1 分钟、3 分钟、5 分钟的刻度。

该游戏的目的是通过沙漏计时，帮助孩子对时间形成相对直观的认识。

游戏到这里并没有结束，为了进一步巩固孩子守时的观念，要给他们布置一些小任务，让他们分别在 1 分钟、3 分钟、5 分钟之内完成。

训练目的

通过这样的训练，帮助孩子养成珍惜时间、高效学习的习惯。

一周有几天

一周有几天？当然是 7 天喽，这个游戏有什么好玩的？往下看吧。

● 游戏玩法

准备一张白纸，让孩子自己动手画一个表格，或者直接在日历本上记录。为了锻炼孩子的动手能力，增强其参与感，建议让孩子自己画。在表格最上排编上星期一至星期日的文字，周末两天休息，可以加上一个小星星。

再准备一些彩色贴纸，每天晚上睡觉之前，贴在表格相应位置上，让孩子意识到时间流逝，一天结束了。

周一到周五用同一种颜色的贴纸；周末两天用绿色贴纸，表示放假，可以休息了；节假日可以选择红色贴纸，代表喜庆的日子。

如果孩子喜欢画画，还可以让他们动手画一些喜欢的图案，增加表格的趣味性。

让孩子感受到时间在不停地向前走，理解一周七天的概念，并学会珍惜时间。

折返跑

通过设计游戏达到时间管理的目的，将目标融入游戏之中。孩子天性爱玩，讲大道理是无法让他们懂得时间的重要性的，而通过在游戏过程中做任务、闯关，则能够培养他们的时间管理意识。

游戏设计对于普通家长来说比较困难，原创性较高，建议参考网上的游戏内容，结合孩子自身特点进行改良设计。

⬤ 游戏玩法

这里介绍一个"折返跑"的小游戏，以启发父母的灵感。这是团队竞技类项目，最好是找几个小朋友一起参加，增强孩子的竞争意识。

父母将塑料板凳每隔五米摆成一排，假设五个人参加，就摆成五排，长度根据孩子们的体能决定。

需要准备一些塑料板凳以及小礼物。每个板凳上面放上小礼物，看谁能在规定时间内拿到最多的礼物。孩子们需要先绕过第一个凳子拿回礼物，然后跑到出发点，将礼物放在事先准备好的篮筐里，之后再去拿第二个，以此类推。

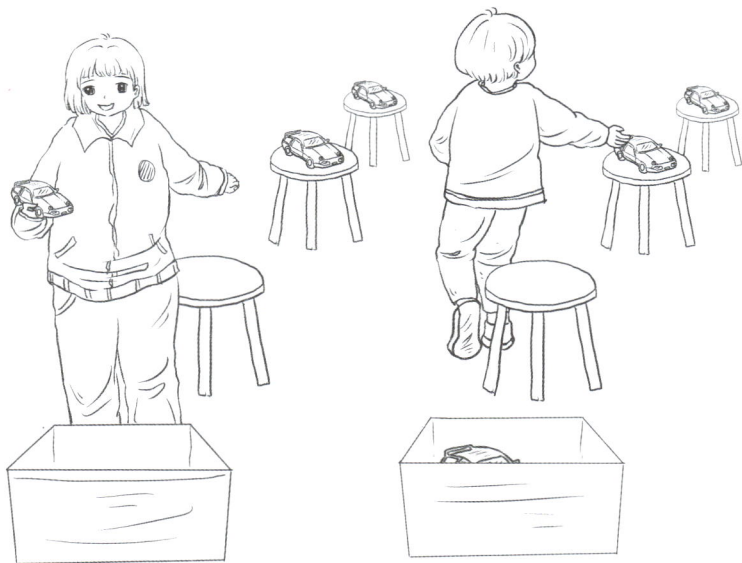

⭕ **训练目的**

通过这个游戏，孩子们不仅可以锻炼身体，还能充分感受到时间的紧迫性。在规定时间内，他们会想办法拿到更多的礼物，所以不会有任何拖延。

任务温度计

父母应根据孩子的天性设计游戏，孩子爱玩，喜欢互动与挑战，如果单纯地给他们布置任务，然后不管不问，孩子很难提起兴趣。如果以游戏的形式，跟孩子进行互动，相互比试，增强其竞争性，就会激发他们的兴致。

◯ 游戏玩法

这个游戏很简单，准备一支水彩笔、一张纸即可。父母在白纸上画一个立着的温度计，水银头在下，在水银柱的右边，依次列上每天的待办事项，以每天放学之后的任务为例：

18：00 ～ 19：00 做功课

19：00 ～ 20：00 体育锻炼

20：00 ～ 21：00 练钢琴

21：00 ～ 22：00 课外阅读

22：00 ～ 22：30 洗澡睡觉

之后，让孩子参与进来，每完成一项任务，就让他们用水彩笔在相对应的水银柱上涂色，直到水银柱全部上色，所有的任务也就都完成了。

22:00 ～ 22:30　洗澡睡觉

21:00 ～ 22:00　课外阅读

20:00 ～ 21:00　练钢琴

19:00 ～ 20:00　体育锻炼

18:00 ～ 19:00　做功课

○ 训练目的

这个游戏的目的是锻炼孩子的时间管理能力，养成每天设定待办事项的习惯，有助于培养孩子的计划性。

任务时钟

这个游戏的目的是帮助孩子建立时间观念，培养时间管理习惯。通过自制时钟记录自己一天的作息，有助于孩子养成固定的生活习惯。

⬤ 游戏玩法

找一张纸板，把家里的时钟拿下来，比画着画一个圆，然后将纸板剪裁成圆形，这样就变成了一个简易的时钟模型。之后，再利用剩下的纸板做时钟指针。

在时钟模板上平均划分出 12 个区域，每个区域写上对应的数字。让孩子在每个区域写上要做的事，比如，10 点学习数学，11 点学习英语；或者贴上相关图片，比如，12 点吃饭，可以贴一张汉堡的图片。

⬤ 训练目的

经常这样训练，孩子就可以更好地掌握时间概念，并且形成良好的时间规划意识。

细沙与石头

这是一个激发孩子思考的游戏，目的是让孩子认识到时间的重要性。这个游戏需要父母进行引导，在游戏过程中，让孩子思考解决问题的方法。

游戏完成之后，在确认孩子理解的基础上，给他们讲解象征意义，告诉他们时间的重要性。

⭕ 游戏玩法

准备材料：两个盆、石头、细沙

找两个大小相同、形状类似水盆的容器，再找一些大小不一的石头。其中一个容器装上细沙，大概占容器的 80%，另一个容器空着。

接下来父母要提出问题：将石头和细沙全部放入空置的容器中，但条件是细沙和石头都不能超过容器的表面，请问该怎么做？

鼓励孩子思考与尝试，引导他们两种方法都试一下。

A. 先把细沙倒入空置容器中，再填入石头。

按照这个方法，孩子会发现很难将所有石头都塞进细沙，而不超过容器表面。

接下来，让他们逆向思考，试一试另一种方法。

B.先放石头，然后再倒入细沙，孩子们会发现，这次可以轻而易举地完成任务。

训练目的

当孩子理解游戏之后，父母要进一步延伸讲解，鼓励孩子思考：

容器象征着什么？

细沙象征着什么？

石头象征着什么？

让孩子回答，然后再进一步解释：

容器象征着整个人生和有限的时间；

细沙象征着不紧急也不重要的琐事；

石头象征着重要的事。

这个游戏告诉我们，如果我们采用了方法 A，每天就会被琐事纠缠，那么就无法完成那些重要的事；而如果我们采用了方法 B，也就是说先处理重要的事，再处理琐事就会游刃有余。

五子棋与时间规划

这是一个通过五子棋培养孩子时间观念，教他们时间规划的小游戏。

⭕ **游戏玩法**

准备用具：一盒围棋，几张白纸。

准备黑白棋子各 12 枚，分别代表白天与黑夜，每一枚棋子代表一个小时。在白纸上画一个圆圈，将圆圈平均分成几个区域，例如，分为四个区域，每个区域分别写上：吃饭、睡觉、学习、玩。

父母只作引导，告诉孩子划分的方法，让他们自己分配时间，否则孩子容易模仿大人，不进行主动思考。

只要能激发出孩子的能动性，大多数孩子都会提起兴趣，自己进行时间分配。接下来，让他们在划分好的区域放入棋子，也就是让他们决定分给每一个区域的时间。

等孩子划分完毕之后，父母再进行讲解。例如，有些孩子时间分配不合理，因为对吃饭不感兴趣，所以不放棋子；睡觉只放了6颗棋子；学习放了3颗棋子；剩下的都放在玩上面。

这就很不合理，需要父母耐心引导。

举例分析：首先吃饭要留出时间，进食不宜过快，每天三顿饭，可以按1小时计算；睡觉至少要9个小时；学习是重点，包括在学校的时间，总计12小时；玩耍占2小时即可。

让孩子学会根据具体情况自行分配时间。

⭕ 训练目的

　　该游戏的目的是培养孩子规划时间的能力，孩子一旦养成时间意识，未来一定会更加合理地安排时间，提升学习效率。

「本章知识点」

▶ **GTD 流程**

分别是收集、整理、组织、回顾与行动。第一步收集学习材料；第二步整理学习资料；第三步组织学习材料；第四步检查材料有无遗漏；第五步执行。

▶ **目标学习法**

流程如下：明确目标 ⟶ 激发学习兴趣 ⟶ 增强学习动机与注意力 ⟶ 学习知识点 ⟶ 自我检视（复习）⟶ 提高成绩。

▶ **目标拆分**

孩子们的专注度有限，为了提高学习效率，就要将目标拆分为他们可以接受的范围。举例来说，你的孩子可以在 5 分钟之内保持专注，那么就将目标时限设定为 5 分钟。

▶ **养成记录时间开销的习惯**

让孩子记录自己的时间开销，并在每天晚上检查一遍，看看时间都浪费在哪里，第二天加以注意。

▶ **GAINS 法则**

goal（目标）：确认学习目标；assessment（评估）：评估机会、风险、困难；idea（想法）：制订具体学习计划；next step（下一步）：开始行动；support（支持）：

在困难的学习任务中，试着寻找精神方面的支持。

▶ 停办清单

为了提升学习效率，在列出待办学习任务之后，筛选出可以暂时忽视的任务，暂缓执行。关于如何筛选，可以使用 80/20 效率法则、四象限法则。

▶ ABC 分类法

A 代表最紧急、最重要的任务，如当天的作业；B 代表一般性学习任务，很重要但不是当天必须完成的，如课外阅读；C 代表不重要也不紧急的任务，如兴趣类任务，可以在时间宽裕或者有兴致的时候进行。

▶ 孩子需要自主时间

对于小学生来说，每天的自主时间至少要有 60 分钟，周末则至少给孩子放一天的假；对于中学生来说，如果学习压力很大，那么至少要有 30 分钟的自主时间，周末最好可以到户外放松一段时间。

▶ 瑞士奶酪法

这是由美国时间管理之父阿兰·拉金提出的，意思是在一个比较大的任务中使用"见缝插针"的方法，充分利用零散时间，而不要消极等待整块时间的出现。孩子在一天中的零散时间较多，有效利用这部分时间，能够提高学习成绩以及做事效率。

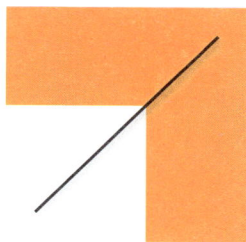

LESSON 3

学习计划

计划早安排，学习效率高

　　学生是最需要制订计划的群体，因为他们的自控力较差，学习计划就是用来约束他们的。

3W1H 法则制订学习计划

　　做计划在人生的任何时间段都是很重要的，然而孩子们很难有这个意识，这就需要父母进行引导。简单的理论性讲述对孩子的意义不大，即便他们能听进去也不会产生强烈的感受，所以，父母必须引入简捷高效的方法，并让孩子亲自体验，这样才能加深他们的感受。

　　在实际学习过程中，一旦通过这种简单易行的办法快速解决了问题，提高了学习效率，孩子们就会逐渐意识到计划的重要性，并养成做计划的习惯。

　　善于做计划的人，成绩都不会太差，有些孩子只是因为用对了方法，就逐渐拉开了与他人的距离。

　　下面介绍一种 3W1H 的方法。

▶ 3W 指的是——

　　What（是什么）：目标，具体计划。

　　Why（为什么）：为什么要制订这个计划，想要达到怎样的成绩。

　　When（什么时候）：何时行动，具体的行动周期，比如，90

天达到什么样的成绩。

▶ **1H 指的是——**

How (怎样进行): 为了实现目标, 具体的行动计划是什么。

⭕ **举例分析**

父母通过 3W1H 法则进行提问, 让孩子自己制订计划。

▶ **What (是什么): 你的学习目标是什么?**

孩子:"我想提高英语成绩。"

▶ **Why (为什么): 为什么要制订这个计划, 想要达到怎样的成绩?**

孩子:"这学期我的英文阅读有障碍, 我想在短期内至少提高 20 分。"

▶ **When (什么时候): 何时开始, 具体期限是多久?**

孩子:"我想在 30 天内实现目标。"

▶ **How (怎样进行): 你准备怎样行动?**

孩子:"每天背诵 30 个单词。"

由于孩子的持久性较差, 经常会半途而废, 所以父母不仅要让孩子做出口头承诺, 还要让他们将具体计划写下来, 利用可视化效应激励他们, 确保他们每天都能看到自己制订的目标。

最简单的方法就是将该计划制成表格, 打印出来, 放到他们每天都能看到的地方。

3W1H 学习计划表			
What（是什么）	Why（为什么）	When（什么时候）	How（怎样进行）
提升英语成绩	英文阅读有障碍	30 天内实现	每天背诵 30 个单词

这个表格还可以延伸，记录每一天的完成情况：

星期一	星期二	星期三	星期四	星期五	星期六	星期天
1 √	2 √	3 × 只背诵了10 个单词，第二天补上	4	5	6	7
8	9	10	11	12	13	14
15	16	17	18	19	20	21
22	23	24	25	26	27	28
29	30					

如图所示，如果完成既定目标，就在表格内打√，如果没完成就打 ×，并且记录原因。通过上述方法，可以很好地激发孩子的能动性与成就感，从而让他们养成制订学习计划的习惯。

「把学习计划告诉最亲密的人」 →

目标也好，计划也罢，都具备很强的牵引作用，当孩子制订目标、计划之后，为了确保有效执行，最好将它们告诉最亲密的人，如父母。这种方法会增强个人努力完成目标、计划的动力，如果得到有价值的建议，还能够进一步增强意志。

如果孩子比较害羞，不好意思表达，父母可以引导他们用邮件的方式表达自己的想法。

每日学习计划表

　　每日计划，实际上就是每天的待办事项，对于学生来说，也就是每天具体的学习任务。做计划是一种习惯，无论记忆力如何，一旦养成做计划的习惯，势必能提高学习效率。有些孩子觉得多此一举，因为每天上课的时间都是固定的。实际上这是一种被动接受的思考方式，老师讲什么就听什么，不利于养成预习的学习方式。

　　如果先看一眼学习计划表，就会知道下一节是什么课，也就会在脑海里预先思考。例如，根据计划表显示，下一节课是数学，那么即便是很短的时间，比如，课间 10 分钟，你也可以想一想昨天还没解决的问题、今天老师要讲的内容等。

　　为什么强调预习的重要性？实际上，这是一种将潜在问题预先思考的模式，这样就会有的放矢，提升学习效率。

　　父母可以给孩子准备一本笔记本，或者通过做手账的形式，以更好地提升孩子的学习兴趣。市面上卖的手账本种类很多，以月计划表、周计划表以及一日一页的日计划表为主，当然也可以让孩子自己制作，比如，设计成一张张简单的日计划表，然后装订为手账。

　　每天上学之前，孩子可以利用早自习或者上学途中的时间，做一张日计划表，按时间段划分，将具体的课程以及待解决的问题列出来。

　　学习计划表的形式多种多样，可以根据自己的需求进行设计，父母应鼓励孩子发挥他们的想象力，不要代劳。

每日学习计划表	
今日重点	1. 解决最小公倍数问题 2. 解决英语语法问题 3. 如何快速阅读一篇课文
科目	**具体任务**
数学课	学习最小公约数知识，并解决之前遗留的最小公倍数问题
英语课	阅读英语课文，重点解决相应的语法问题
语文课	学习写作文，并掌握快速阅读的方法
时间	**具体任务**
18:30 ~ 19:10	数学作业
19:20 ~ 20:00	英语作业
20:10 ~ 20:50	语文作业

　　如上表所示，单独设计了一个"今日重点"栏目，代表重点任务，可以用红字表示，字体加粗。

「学习计划之定时、定点、定量」 →

定时，即固定时间，比如，每周一复习什么，每周二复习什么。

定点，即固定地点，比如，固定在书房写作业。

定量，即固定的作业量，比如，每天复习 2 小时。

定时、定点、定量，是为了让孩子养成学习规律，这样可以快速进入学习状态，在很大程度上提高学习效率。不难想象，如果每次的学习时间不同、学习地点不同、作业量不固定，那么孩子每次都需要重新适应，这个过程势必会浪费时间。

每周学习计划表

　　每周学习计划表的设计思路与每日计划表一样，需要注意的是，周计划可以按照 5 天设计，周末 2 天单独安排其他项目，比如健身，外出游玩。

　　每周学习计划表的作用在于，将一个相对长期的任务分解成若干小目标，例如，"提升英语口语能力"，这类属于长期任务，不可能在短时间内完成，而对于孩子来说，持久力较差，通过每周计划拆分任务，执行起来更容易。同时，周计划有助于跟踪固定任务，并随时加入新任务。

　　通过周计划，孩子们可以轻松选出每周固定的学习项目，比如数学、语文、英语，然后随时加入一些其他学习项目，非常灵活。需要注意的是，虽然叫作《每周学习计划表》，但不一定都是学习项目，文体娱乐项目都可以列入此表。

　　史蒂芬·柯维博士被誉为"最具前瞻性的管理思想家"，他讲过一些很经典的时间管理方法，可以很好地跟制订计划相结合。

▶ 建立使命感

　　史蒂芬·柯维主张，使命是时间管理的基础，这不仅是我们一星期的生活，同时也反映了我们对于人生的态度与看法。

父母可以对孩子进行引导，通过提问帮助他们建立使命感：

生命中，最重要的事情是什么？

人生的意义何在？

今后希望成为什么样的人或是做出怎样的成就？

年龄较小的孩子还不适合思考比较深远的问题，对此，父母不妨问一些具体的问题：

你的学习目标是什么？

在这个过程中，你觉得最重要的 3 件事情是什么？

你希望通过这段时间的学习，达成怎样的学习目标？

你觉得实现学习目标之后会有怎样的感受？

▶ **设定目标**

通过周计划表设定目标，筛选出核心任务，鼓励孩子主动思考以下问题：

a. 如果在一周之内完成目标，会有什么结果？

b. 如果只完成了部分目标，会有什么结果？

两种情况，分别会有什么影响？

如果是 a，这会对我的人生产生积极的影响吗？

如果是 b、这会对我的人生产生消极的影响吗？

如果持续制定目标并完成任务，对我的学习效率会有怎样的影响？

我的学习状态会更好吗？我的生活会有怎样的变化？

▶ **评估**

周计划表一定要有评估的环节，这相当于自我检视，在每周结束之后，你可以问自己一些问题：

我完成了哪些目标？是否完成了每周计划？

学习过程中遇到了哪些挑战？制订下周计划时，需要如何克服？

是否应该筛选出核心任务？

清华大学某同学学习计划表

	周一	周二	周三	周四	周五	周六	周日
06:00 ~ 06:40	起床、锻炼、早饭	起床、早饭	起床、早饭	起床、早饭	起床、早饭	班级组织春游	起床、早饭
06:40 ~ 08:00	预习几代2、微3	复习微2，大物作业	复习微2，微3	微2，努力钻研	复习、整理、打课件		大物自习
第一节	几代26C101	读《飘》、背单词	微3，一教101	微2	大物三教2302		大物自习
第二节	微3，一教101	微2	大物三教2302	复习微2，11:10去吃饭	程设四教4203		大物自习，读《飘》
第三节	复习几代2，完成作业	体育，做操	英语高级口语6B204	班会新水329、买练习册	自习		准备思源，英语presen
11:25 ~ 13:30	午饭，13:10系馆王老师	打印课件，午休	回寝取东西，自习	11:30 去6#312B找张导	午饭，自习		午饭节俭，回寝社工
第四节	复习微3，完成作业	史纲6A016	自习	微3 习题集4306	程设上机东楼9-224		思源笔试15:30 ~ 17:30

（续表）

	周一	周二	周三	周四	周五	周六	周日
第五节	微 3 习题	晚饭,复习微 2 作业	晚饭,自习	晚饭,自习大物	晚饭,自习大物	和园尹老师谈话	晚饭,自习
第六节	微 3 习题	小说 2301	清女 6A103	微 2 习题课 4305	自习大物	自习大物完成	自习跳绳
20:00 ~ 22:30	系统复习大物书作业、习题	微 2 作业 洗澡	校会文化部例会	自习大物（静心）	自习	自习微 2,英语	听 CNN 英语
22:30 23:00	听 CNN 英语	听 CNN 英语	听 CNN 英语	听 CNN 英语	听 CNN 英语	社工：文化部（信息简报,会议记录）自习	
23:00 01:00	读《飘》,背单词社工	自习,追求高效	自习,坚决完成任务	自习,平心静气	自习,用电脑社工	社工（女排 photos 今日 photos,女生节）	
01:00 以后	sleeping	sleeping	sleeping	sleeping	sleeping	准 备 思源,英语 presen	sleeping
计 划 完成情况	高效	加油	高 效、专注	微 2 大物完成	微 2 大物;全部社工	抓紧时间	收尾,规划学习
学习情况	认真对待大物	复习微 2,大物	微 2 要钻研	加油	静心,思考	完成任务	思源加油
社会情况	思源做毕,微 3 作业	美贺姐姐	例会,发春游稿	给素拓起好名	素拓宣传、校会、宣委	完成任务	我相信我是最棒的！
体育锻炼	不要求	认真上体育课	——	——	跳好长绳		跳好长绳
生活状态	昂扬,惜时	积极平和	积极、内敛	积极,平和	积极,平和	加油	加油

（续表）

	周一	周二	周三	周四	周五	周六	周日
修养品行	礼、德、才	外柔如水，内刚似火	知我者，谓我心忧	为青春喝彩！	多思、少言、必行	A	A
一天总结	让我们做最好的自己	尝试做到做好	不知我者，谓我何求	加油！校会工作	确定目标，矢志不渝	我要对目标负责	目标确定，踏实地走好每一步

每月学习计划表

对孩子来说，每月学习计划表相当于一份中长期计划，相比学期计划表、年度计划表更容易执行，相对于每日、每周计划表来说，执行难度更大。

每月学习计划表可以分为精简版与完整版，精简版用来制订每月整体任务，如下面这张手绘的每月计划表。

这张表只显示 12 个月份。

学生可以将每个月的总目标写在数字的缝隙内，并用水彩笔上色，效果如下：

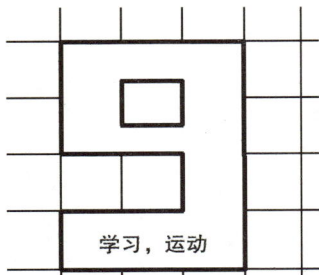

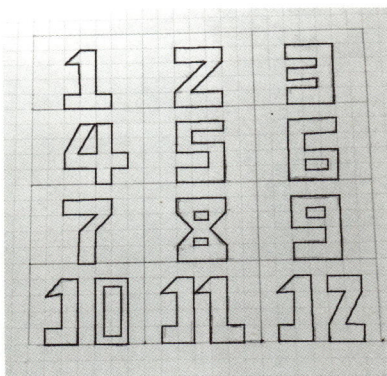

学习，运动

大方向确定完毕，接下来就将用到完整版。由于 Word 已经成为必备的软件，很多小学生都可以熟练掌握，我们以此为基础，讲解如何利用 Word 制作每月学习计划表。

电脑对孩子的吸引力是很大的，利用 Word 制作计划表还可以充分调动他们的学习兴趣。相对于直接使用笔记本、手账本来说，这种方式的优势在于参与性强，虽然稍微烦琐一些，但是孩子可以根据喜好进行设计。

◯ 开始操作

首先，打开空白文档。

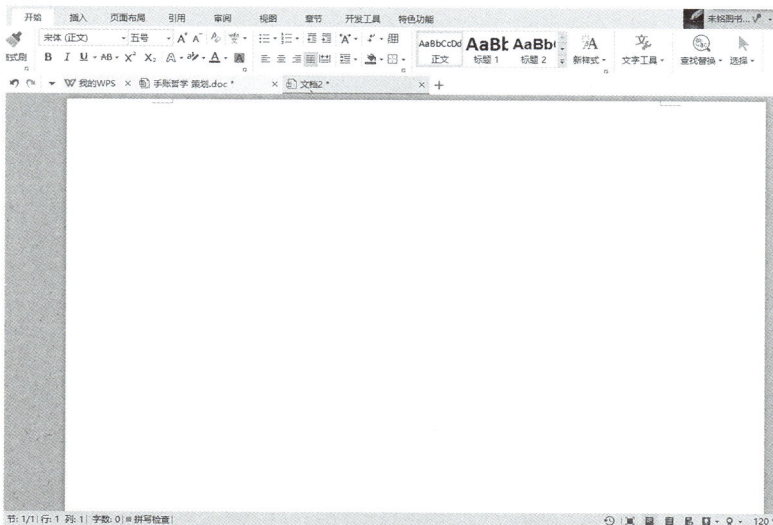

插入表格，8 列 5 行，输入周一到周日等内容（如表所示）。

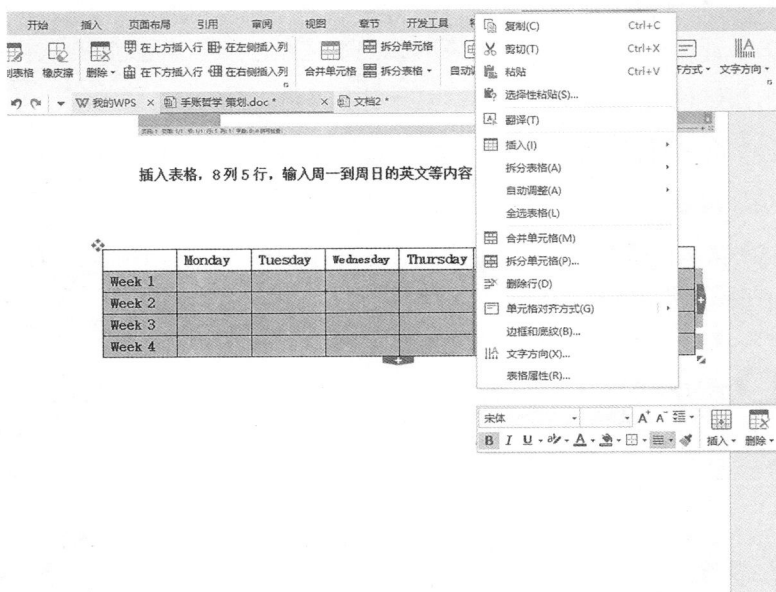

插入表格，8列5行，输入周一到周日的英文等内容

	Monday	Tuesday	Wednesday	Thursday	Friday	Saturday	Sunday
Week 1							
Week 2							
Week 3							
Week 4							

　　选中表格，点击鼠标右键，选择表格属性一项，调整表格大小，方便记录更多内容。

　　行高设置为 20 毫米。

表格属性 ×

| 表格(T) | 行(R) | 列(U) | 单元格(E) |

尺寸
第2-5行
☑ 指定高度(S): 20 ▴▾ 毫米▾
行高值是(I): 最小值 ▾

选项
☑ 允许跨页断行(K)
☐ 在各页顶端以标题行形式重复出现(H)

▴ 上一行(P) | 下一行(N) ▾

确定 | 取消

调整后的效果如下。

	Monday	Tuesday	Wednesday	Thursday	Friday	Saturday	Sunday
Week 1							
Week 2							
Week 3							
Week 4							

　　对周一到周日区域进行颜色调整，周一到周五是上学时间，用灰色表示，周六、周日休息，用橙色表示，以示区分。

　　选择周一到周五的表格，单击右键，点击边框和底纹。

　　选择底纹颜色。

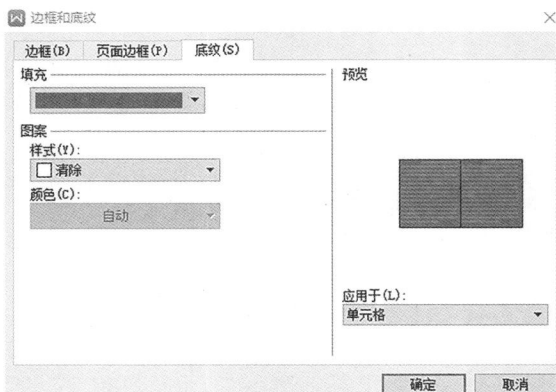

	Monday	Tuesday	Wednesday	Thursday	Friday	Saturday	Sunday
Week 1							
Week 2							
Week 3							
Week 4							

使用同样的方法，设置周六、周日的底纹。

	Monday	Tuesday	Wednesday	Thursday	Friday	Saturday	Sunday
Week 1							
Week 2							
Week 3							
Week 4							

接下来在表格中输入当月的日期。以 2020 年 8 月为例，一共 31 天，而只有 28 个空格，也就是说还少了三天，这是当初设计的时候没想到的，怎么办，重新做？

当然不用——鼠标移动到表格最底下，+ 号自己就出来了，增加一行，然后填上后三天即可。

	Monday	Tuesday	Wednesday	Thursday	Friday	Saturday	Sunday
Week 1	1	2	3	4	5	6	7
Week 2	8	9	10	11	12	13	14
Week 3	15	16	17	18	19	20	21
Week 4	22	23	24	25	26	27	28
	29	30	31				

至此，月计划表模板已经设计完毕，如果你不想买现成的手账本，就可以用这种方式自己做，然后打印出来。

利用 Word 制作表格还有一个优势，就是可以掩盖书写不好看的问题。 根据上面的表格，填上每一天的具体任务，这样一个完整的每月学习计划表就制作完成了。

「如何安排网络游戏的时间」 ➡➡

大多数孩子对网络游戏非常着迷，很容易上瘾，这就需要父母提前制订规则，这也是培养孩子自控力的方式。

▶ 玩多久

根据孩子的年龄以及学习任务的轻重安排，例如，周一到周五每天 30 分钟，周末每天 1 ~ 2 小时。

▶ 何时玩

美国国家生物技术咨询中心的一项研究表明，短时间享受休闲性网络游戏，能够恢复个体所具备的有效能力，以便人们从压力中迅速缓解。 根据以上研究，父母可以在学习间歇期安排孩子玩游戏，但是游戏时间不宜过长。

▶ 定时

这是为了防止孩子过度沉迷于游戏之中，例如，使用闹钟设定 30 分钟的时间，时间一到孩子立刻停止游戏。如果孩子表示马上就要过关了，可以适当延长时间，但是下一次要让他们根据每一关的游戏时间做好计划。

▶ **沟通并坚持原则**

　　有些孩子无视规则，到时间了还不停止，这就需要父母平复情绪，与他们耐心沟通，并且要坚持原则，否则一切努力都是白费。

假期计划表，每一天都不浪费

很多父母最担心的事就是寒暑假，孩子没人管了，撒欢玩耍收不住了，每到开学时，学习成绩都会出现一定程度的下滑。

实际上，只要掌握了正确的方法，让孩子们在假期也学会做计划，就完全不必担心此类问题。那么，如何完美地管理时间，让玩与学习两不误呢？最有效的方法就是制作假期计划表！

假期是属于孩子的，尽量不要给孩子布置过多的学习任务，还是以娱乐、放松为主，可以多安排兴趣班，而不是无休止地学习。

很多家庭经常采用假期日程表，以时间轴为单位，将一天中的各个时间段划分好，从早上起床开始到晚上睡觉结束。父母将每天的日程表贴在冰箱上、墙上，方便孩子时时参照。

还可以按照周计划表的形式设置，将周一到周日作为时间轴，将每天要做的事依次填在空格内，如下图。

星期一						
星期二						
星期三						
星期四						
星期五						
星期六						
星期日						

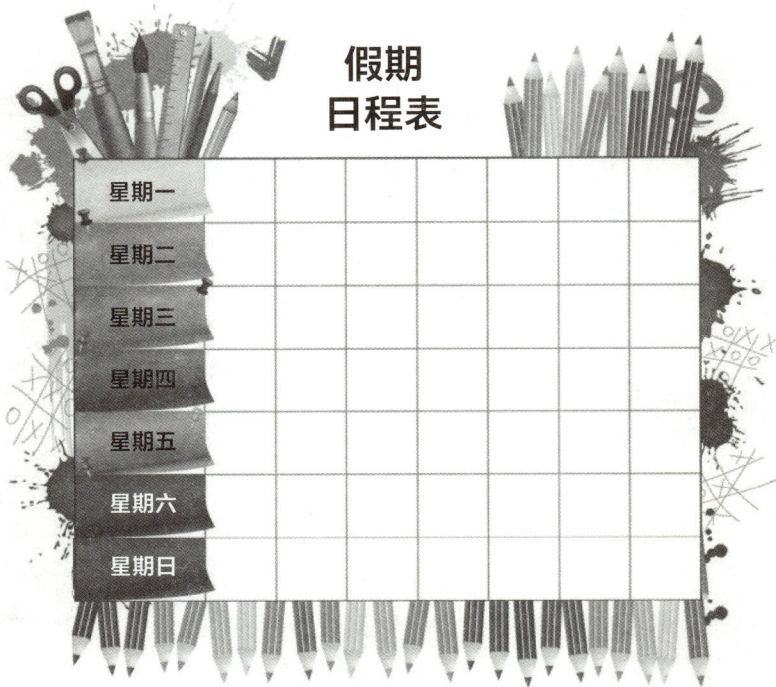

如果孩子不喜欢单调的文字，可以加上配图，这样能够有效提升他们的兴致。

	7:00AM	快起床吃早饭了！
	8:00AM	今天天气真好，出去锻炼身体！
	10:00AM	我想静一静，弹弹琴吧。

　　按照上面的方法，父母可以将孩子要完成的每个项目，做成简易的小纸条，贴在冰箱上，帮助孩子养成习惯。每到整点，就去冰箱那里转一圈，看看接下来该进行什么项目。

　　如果孩子觉得每天按部就班地完成项目很无聊，也可以进行适当调整，这也算是一种放松的方式，毕竟放假了嘛。这里介绍一种随机的方式：父母让孩子按照上面的方式整理出每天要进行的项目，将每一个项目剪裁为小纸条，放进一个小木桶中，让孩子随机抽选，抽到哪个就按上面写的项目执行，这样做可以在很大程度上增加趣味性。

「勾勒未来，锻炼大脑」

　　想象假期结束后，新的学期要取得怎样的突破。为了实现这些目标，孩子的大脑就会开始思考具体的行动计划，这也是一个锻炼大脑的过程。

高效的学习计划是调整出来的

计划不是一成不变的，在执行计划时，让孩子学会灵活变通非常重要，有助于保持较高的学习效率。试想一下，如果按照计划，你现在应该做数学作业，但是你的思路很乱，无法集中精力。这时如果继续按计划执行，根本找不到解题思路，相当于浪费时间，还会让自己的情绪变糟。

这种情况就需要及时调整计划，如将每天的运动时间提前，出门跑跑步，换换脑子，等到下一个时间点再做功课，学习效果就会好很多。

精力充沛的时候思路最清晰，学生一定要注意感受自己的身体状态，学会自我调整，在状态最好、思路最清晰的时候，处理最困难的任务，如解答较难的题目；状态一般的时候，可以处理思考强度不大的任务，如阅读文章之类。

如果实在没有心情学习，那么就改变计划，出去玩一会儿，放松一下。大脑的最佳思考时间在 8~10 小时，有些学生课业负担较重，经常超过了用脑的时间限度，他们以为自己刻苦学习就能提高成绩，结果适得其反，不仅没学进去，还熬坏了身体。有时候睡眠不足，还会导致第二天没有精力上课。

"哈佛凌晨四点半"这个概念曾经在社会上疯传，结果被辟谣。这是非常幼稚的想法，凌晨四点半正是深度睡眠的时间，即便要秉灯夜读也不是一个好的选择，因为白天大脑已经消耗了最佳思考时间，超过 10 小时之后继续苦读，效果很可能不如人意。

> 一名高考理科状元谈到学习计划的时候这样说：
>
> 我的一个重要习惯就是制订学习计划，比如说，用多长时间来学习，用多长时间来休息，或者用多长时间做自己想做的事情。把计划变为现实，是需要一个过程的，在这个过程中，计划制订得再严谨，也会有一些突如其来的事情跑出来，所以我觉得在制订学习计划的时候，留出一点空余的时间，方便调整计划与计划之间的冲突。

的确如此，制订任何计划都需要注意一点，那就是留出一点空余时间。针对空白时间段的设置没有固定标准，根据每个人的状态、习惯而定。

一般来说，空白时间段可以设置为 30 分钟、60 分钟、90 分钟、120 分钟，可根据不同的学习任务或者其他事项自由切换。

在进行某一项学习任务时，一旦感到状态不好，效率下降，就可以插入空白时间段，例如，你可以利用 30 分钟的时间听一会儿音乐，或者利用 60 分钟的时间跑一跑步。这段空白时间可以起到缓冲、放松的作用，帮你找回更加充沛的状态。

空白时间段的安排也是很有讲究的，你的主要目的是放松，为此可以随心选择喜欢的方式。比如，你喜欢利用这段时间睡觉——只要能帮你快速恢复状态，没问题！

当然，你也可以充分利用这段时间。假设对你来说除了睡觉，看美剧也能收到类似的效果，而看美剧还能练习英语听力，那么，很显然，后者对你更有益处。

如何确定自己是否处于最佳学习状态呢？一般来说，自身状态明显下降时，人们都会感觉到，如果不太明显，可能就会被忽视。这就需要定期检查。每学习一段时间，就应该检查并记录学习效果，例如，做数学试卷时，每隔 60 分钟记录一次自己的错题率，如果每次的错题率在 5% 左右，就可以以此作为标准进行检查。当超过这个标准，如出现 20% 的错题率，就说明你的学习状态出了问题，这时就应该果断改变学习计划。

「调整任务量」 ➡➡

如果孩子无法完成已经制订好的学习计划，那么就要适当调整，按照 5% 的任务量进行递减，直到任务难度符合孩子的能力。

如果经过一段时间的学习，孩子可以很好地执行学习计划，这时就要增加任务量，一般来说，孩子会出现抵触心理，父母的行动要符合孩子心中的经济法则，也就是让孩子的付出与得到成正比。

优化事序，聪明人懂得有选择地学习

有选择地学习，优化事序，体现出一个学生的时间管理能力，想象一下，如果明天考数学，那么今天就应该将主要精力放在复习数学上，其他科目则可以少分配一些时间或者暂时忽略。如果一个人连轻重缓急都分不清，他的学习效率自然不会很高。

古人云："事有先后，用有缓急。"学习也是如此，优秀的学生能够分清事情的重要性，他们无论学习还是做事，条理性更强，不但能够节约学习时间、提高学习效率，最重要的是能给自己减少许多麻烦。

什么都想做好的结果是什么呢？往往是什么都没有做好。

当代管理学之父彼得·杜拉克说过："必须分清轻重缓急。最糟糕的是什么事都做，但都只做一点，这必将一事无成。"

课业繁重，每天要学习的科目很多，而课余时间有限，如果每一科都分配一些复习时间，除非你的各科成绩均衡，否则这样的方式效果并不好。

比如，星期一你学习了数、理、化三门课程，你想要每科都复习 60 分钟，但是你的数学不好，60 分钟并不能解决问题，你需要更多的时间。如果你按照均衡分配时间的原则，物理、化学并没有遇到难题，同样各分配了 60 分钟，就相当于浪费时间。

你完全可以将更多的时间用来解决数学问题，这样才能起到理解、巩固知识的效果。

优化事序的方法有很多，这里，我介绍其中一种简单好用的方法。

「1-3-5 法则」

1-3-5 法则，简单来说就是：

TODAY（今天）

1 件重要的事

3 件比较重要的事

5 件小事

1 件重要的事

3 件比较重要的事

5 件小事

按照这个原则进行学习任务排序，能够有效提高效率。

1 代表最重要的那门功课。一般来说，如果第二天有某科目的考试，或者当天的课上某一科目的知识很难理解，那么就应该将时间重点放在这门课上。

3 代表三门相对重要的科目。如果第二天没有考试，或者当天的学习内容都消化了，那么就可以将时间平均分配给三门功课。对于三门功课的选择，一定是比较重要的。

5 代表五项兴趣类学科，如钢琴课、绘画课等。

对于一些特别优秀的学生来说，他们完全有能力按照 1-3-5 法则分配一天的时间，这样下来，他们就可以完成所有功课及其相关事情。

1-3-5 法则还特别适合有拖延症的学生，该方法相当于将每天的任务细分为三块：完成 1 件重要的任务，这对于绝大多数人来说都可以接受；完成 3 件比较重要的任务——在完成一项困难任务之后，这个目标显然比较轻松，大部分学生都可以继续下去；最后只剩下 5 件轻松的小任务了，做完一点儿都不困难。

即便时间不够，也要确保完成最核心的那件任务，这样不会耽误事。

游戏时间

材料利用

这个小游戏很简单，父母只需要提供一些材料，让孩子自己思考：利用这些材料可以做什么？

⭕ **游戏玩法**

拿到材料之后他们会展开思考，单一材料很难做出物品，往往需要多种材料的配合使用，这个过程中，孩子需要认真计划，才能最终做出一件成品。

根据孩子的年龄段提供材料，并辅以适当的引导。举例来说，如果孩子对汽车感兴趣，平时也接触过这方面的知识，那么父母可以提供一个方向盘，以及其他相关汽车零件，这样孩子就会计划着制造出一个汽车模型。

不要给出一些孩子不感兴趣或平时没有接触过的东西，这样不利于他们思维发散。

舵盘 ➡ 轮船

方向盘 ➡ 小汽车

⬤ **训练目的**

这个游戏旨在培养孩子的逻辑思维、计划思维以及动手能力。

家庭计划表

计划思维是需要从小培养的，而将它融入家庭则是一种非常有效的方式，既培养了孩子做事的计划性，又可以给他们建立规矩，提高自身的修养。

⬤ 游戏玩法

这个游戏需要父母与孩子互动，让孩子充分参与进来，父母负责设计规则，然后跟孩子协商，在得到他们的认同之后，制作相应的表格。

孩子看到相应的规则之后，就会主动思考，例如，规定每天练习一小时钢琴，他们就会计划在这段时间内做什么事。父母负责做框架，然后引导孩子自己设计具体事项。

在游戏过程中，父母要引入奖惩机制，比如，按计划完成任务，奖励一颗红星，没有完成任务，记一颗黑星。

还可以用"√ ×""☆ ★"等符号表示。（在处理这些细节时，父母也要让孩子参与，这是激发孩子大脑思考的一个过程。）

制作计划表的形式随意，可以让孩子根据之前讲过的内容自行设计，下面我们以每日计划表作为模板讲解。

每日计划表	
今日安排	1. 按时吃饭 奖励一颗红星 ★ 2. 按时完成作业 奖励一颗红星 ★ 3. 饭前忘记洗手 记一颗黑星 ☆ 备注：★ 代表红星 （奖） ☆ 代表黑星 （惩）

（续表）

具体任务	奖惩记录
礼仪养成，主动问好，不说脏话	★
按时吃饭，饭前洗手	☆
玩手机以及其他电子产品的时间控制在 1 小时内	☆
背诵 10 个英语单词	★
完成一张数学试卷	★
练习 1 小时钢琴	★

Tips

这个游戏可以根据孩子的耐心程度，以一周或一个月为计量标准，然后统计出红星与黑星的数量，并予以奖励或者适当的惩罚。

训练目的

该游戏的设计，一方面可以培养孩子的计划思维，另一方面还可以加深孩子对家规的理解。

玩具之家

很多父母都在为孩子玩具太多、随意丢弃发愁，如果能开动脑筋，开发出一个小游戏，父母会发现这是一个培养孩子计划性的好机会。

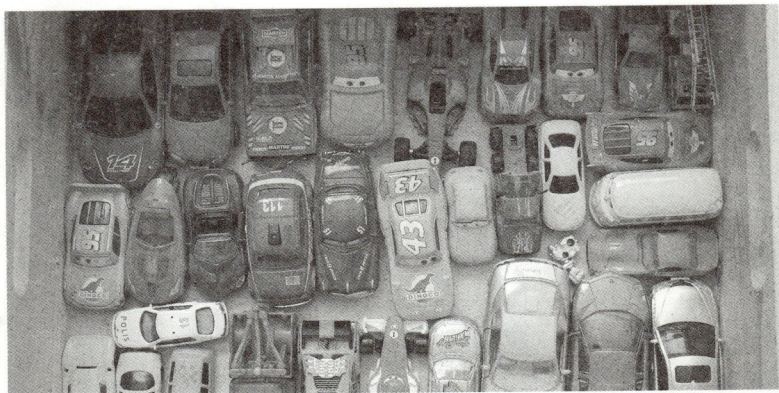

游戏玩法

这个游戏的名字叫作玩具之家，顾名思义，就是让孩子自己动手，给玩具找一个家。这是一个收纳游戏，能够培养孩子们的条理性。

父母可以根据玩具数量，为孩子准备一些收纳架、收纳盒，让他们思考如何分类，并给每一个收纳盒贴上标签，之后将相应的玩具收拾好。

下一次，当他们想要某一个玩具的时候，就能很轻松地找到，他们也会渐渐意识到收纳的重要性。

训练目的

该游戏可以培养孩子整理、收纳的能力，很多家长并不重视这一点，然而恰恰是这种能力，未来将会影响孩子做事的条理性，从而决定了他们的时间效率。

「儿童心理专家的建议」

　　孩子年龄较小时，一般意识不到收拾东西的重要性，这时就需要父母提出要求，如果孩子不理解，并不需要解释，毕竟他们年纪还小，天性如此，让他们执行即可。久而久之，孩子就会养成做事有条理的习惯，年龄大一些之后，就会习惯凡事做计划，因为随着对计划的理解和加深，他们会从中尝到乐趣。

「本章知识点」

▶ 3W1H 法则

该法则可以让学习更高效。

What（是什么）：目标，具体计划。

Why（为什么）：为什么要制订这个计划，想要达到怎样的成绩。

When（什么时候）：何时行动，具体的行动周期，比如，90 天达到什么样的成绩。

How（怎样进行）：为了实现目标，具体的行动计划是什么。

▶ **把学习计划告诉最亲密的人**

这样做可以起到有效的监督作用，并得到亲密之人的鼓励与支持，从而帮助学习者更好地按计划完成任务。

▶ **学习要符合定时、定点、定量原则**

这样做是为了让孩子养成学习规律，以便更快速进入学习状态，在很大程度上提高学习效率。

▶ **勾勒未来，锻炼大脑**

这是一种以终为始的方法，孩子想象未来会取得怎样的成绩，内心就会产生期待与兴奋感，激励自己行动起来，在这个过程中，大脑就会开始思考具体的行动计划，这也是一个锻炼大脑的过程。

▶ 调整学习计划

制订计划并不是一锤子买卖，需要反复调整直到与孩子的能力匹配为止。一般来说，按照任务量 ±5% 的幅度逐步调整，然后观察一段时间，不合适的话就继续调整。

▶ 1-3-5 法则

这是一种时间管理方法，可以用来优化学习任务。1 代表 1 件最重要的事；3 代表 3 件比较重要的事；5 代表 5 件小事。

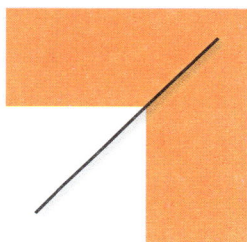

LESSON 4

行动力跃迁

高效执行学习计划

　　从出生算起，一直到 20 多岁，大脑关于执行能力的发育从未停止，在长达 20 多年的时间里，也是孩子成长的关键时期。

故事引导法：战胜拖延，自主学习

孩子是最喜欢听故事的了，想要激发孩子的学习热情，可以通过讲故事的方式进行引导。讲故事主要分为两种类型，一种是故事性的，这类最好先讲。孩子是有梦想的，这类故事可能并不真实，或者存在虚构成分，但是可读性强，能够引起孩子们的共鸣。

另外一种则是真实案例，适合放在第一类故事之后讲解，即利用社会上的新闻或者发生在身边的真实案例，为孩子树立榜样，激励孩子的主观能动性。

在开始讲故事之前，父母最好给出一个比较有吸引力的引子，这样做的目的是激发孩子思考，提高其兴致。

一群老鼠召开紧急会议，议题是针对近期频繁被猫袭击之事研究出一个应对策略。一只被认为最聪明的老鼠提出，给猫的脖子上挂一个铃铛，这样，猫每次行动的时候铃铛就会响，就可以及时察觉它的行踪，并及时脱险了。

大家一听，纷纷表示赞同。"这个主意太棒了！""这下我们再也不用担心了！"

> 突然有一只老鼠问道："谁去给猫挂铃铛呢？"
>
> 会议室突然陷入沉默，老鼠们四目相视，哑口无言。

没有执行，任何计划都是空谈，这就是社会上各个领域的人都在主动培养和强化自身行动力的原因。父母在给出引子之后，可以向孩子提出几个问题，让他们主动进行思考，例如：

老鼠的点子，可行性如何？

你觉得这个计划能否被执行？该被谁执行？

这个计划的成功率如何？

……

父母提出问题，然后引导孩子做出回答，最后根据孩子的答案做出进一步的讲解、引导。引子之后，便可以进入讲故事的时间了。接下来，我们分别介绍两种讲故事方法：

第一种方法适用于故事性比较强的名人事迹，可以激发孩子阅读兴趣。

> 他本来考入了大学，但是两年后退学参军，并在军队服役 21 年。服役时，他进入军队膳食供应的管理层，也就是在这个时期，他开始尝试写小说。
>
> 他上过大学，经常有战友找他帮忙给家里写信，或者给女朋友写情书。写了一段时间以后，他觉得自己非常喜欢写作，于是给自己订立了一个目标：用两到三年的时间写出一本长篇小说。

　　当他将这个想法告诉战友时，惹来的是大家的嘲笑。毕竟，谁能想象一个负责膳食管理的军人能成为作家呢？关于这个梦想，只有他自己当真了。

　　当定下目标之后，他开始行动起来。每天晚上战友们出去喝酒唱歌的时候，他独自一人留在屋子里写作。很遗憾，他并没有完成自己的目标，没能在三年内写出一本小说。他第一次在杂志上发表作品，是在八年后。

　　一般人早就放弃了，可他坚持了下来，这与他在军队中培养出的行动力是密不可分的。退役之后，他继续追寻自己的梦想，以写作维生，但是微薄的稿酬甚至无法保证他的日常生计。

　　朋友们不忍看到他的境况，于是帮他介绍工作，结果却被他拒绝了。他说："我要成为一名作家，我必须不停地写作。"

　　如此强大的行动力让人佩服，为了梦想中的小说能够出版，他花费了整整12年的时间。他不停地写，手指都变形了，视力也受到影响。

　　在写作这条路上，不是每个人都能成功，但是他做到了，他的小说终于出版了，而且一时间轰动美国，当时发行了160万册精装本和370万册平装本。之后，全世界的人都知道了这部小说，它还被改编成电视连续剧，观看人次超过了1.3亿，创电视剧收视率历史最高纪录。他也因此获得了普利策奖，收入超过500万美元。

他就是亚历克斯·哈里，成名作《根》。

哈里曾经说过："取得成功的唯一途径就是'立刻行动'，努力工作，并且对自己的目标深信不疑。世上并没有什么神奇的魔法可以将你一举推上成功之巅——你必须有理想和信心——遇到艰难险阻必须设法克服它。"

父母要告诉孩子执行力的重要性，完美的学习计划与高明的学习方法只是第一步，最关键的是行动，没有行动，任何梦想都不会实现。

这是第一种方法，选择名人事迹，是因为具备权威性，很容易让孩子信服。而且此类故事可读性高，能够激发孩子的兴趣，让他们继续往下看，父母也方便进一步引导。

来看看第二种方法：选择一些真实案例，进一步强化、巩固孩子的认知，激励他们展开具体行动。这些真实案例可以是新闻，也可以是身边的见闻，此类案例不用太长，毕竟不是故事。如果能够穿插一些学习方法或提供学习力的方法，那么效果更好。

> 素有"女学霸"之称的张安琪在学习英语方面很厉害，她在高三时就拿下全国中学生英语能力竞赛一等奖，在大学备考GRE时，用了3个月时间将词汇量从5000个提高到20000个。90天，记15000个单词，仅此一项就可以看出其超强的行动力。

育才三中的第一名小林，他在总结成功经验时，强调了执行力的重要性。他采用的是闭环学习模式，即预习 —→ 上课 —→ 作业 —→ 错题 —→ 复习 —→ 考试 —→ 总结 —→ 预习的循环方法。

结合小林的学习方法，我们进行具体的分析：

> 预习的目的是形成问题，带着问题听课效率更高。上课前，将疑点、难点整理出来，有针对性地听课，更容易理解。
>
> 上课时要紧跟老师的思路，课上听懂的知识点越多，课下越轻松。
>
> 课后作业不能少，大量的习题是必要的，只是不能死做题。
>
> 老师布置的作业都是经典易错的例题，在解答时要注意规律技巧，并将自己的薄弱点记下来，平时没事的时候就看一遍。
>
> 养成复习的习惯，尤其是每次考试之后，及时做出总结。
>
> 考试中要发挥出正常水平，不要因为紧张影响发挥。

「时间框架」

　　做事之前给自己设定一个时间框架，既可以加强行动力，也可以锻炼大脑的思考能力。例如，出门之前，提前10分钟整理书包，这个时间一定要比平时的时间短，这样才会有紧张感，提升速率。

　　在整理书包的过程中，你会思考需要准备什么，这就是锻炼大脑的过程。由于时间紧张，你会下意识地加快速度，这个过程同时也锻炼了行动力。

优势激发力：让孩子养成自动自发的习惯

每个人都喜欢做自己擅长的事，孩子也是如此，所谓优势激发力，就是让孩子发现自己的优势，以此激发潜能。对于擅长的事，总是可以做得很好，于是便会累积成功体验，也就会形成自动自发的习惯。

试想一下，如果你喜欢踢足球，而且踢得很好，每次比赛都能取胜，你就会渴望更多比赛，因为不断的成功体验能够带给你愉悦感。

很多父母希望孩子主动学习，不用自己费心监督，但是结果却不尽如人意。实际上，只是方法不对，没有让孩子养成自动自发的学习习惯。

爱玩是孩子的天性，大部分孩子目前都处于被动学习的状态，包括某些学习成绩处于中上游的学生，他们之中有些人是因为家教严，父母盯得紧，才被迫学习的。虽然成绩不错，但远没有将潜能释放出来。也就是说，他们完全可以做得更好。

当你发现自己在学习方面的优势之后，就会越做越好，例如你在英语口语方面很有天赋，就会渴望跟更多外国小朋友交流，随着感受到更多的成功体验，你就越会在这方面下功夫，就越愿意主动学习，从而形成自动自发的习惯。

曾国藩曾说："世上没有庸才，只有放错了岗位的人才。"大多孩子都缺少正确的学习方法，同时选错了专注领域。

例如，有些父母觉得理科生更好找工作，就逼着孩子主攻数理化，实际上他的天赋是擅长写文章。

在自己不擅长的领域硬拼，是一件很痛苦的事，就像是顶风而行，这是非常不聪明的。对于孩子来说，如果他对英语不感兴趣，还硬逼着他学往往会适得其反。比如很多父母会给孩子报辅导班，增加英语学习的时间，这些方法并不能发挥出最优效率，反而会让孩子变得烦躁，对英语学习失去信心。

我的意思并不是指放弃英语，而是采用优势激发力，将学习重点转移到擅长的方面，比如数学。虽然在短时间内会造成偏科现象，但是会提升孩子对数学的兴趣，培养主动学习的习惯。

孩子在数学领域取得成绩之后，就会建立信心，对数学产生更大的兴趣。这时再将精力分配给英语，逆反情绪就会降低。在学习数学的过程中，一定会形成一些经验、感受，孩子也会自我调整，运用到英语学习之中，从而降低学习难度。

学习是一个各科均衡的过程，然而并不意味着每一科都要精通，进入社会之后，还是要做自己最擅长的事情，这才能确保做到最好。

那么，如何激发自身优势呢？

▶ 找到喜欢并擅长的学习科目

一般来说，喜欢的科目成绩也会比较好，因为会主动学习，投入更多精力。擅长的科目，如果开始没兴趣，久而久之，随着成绩变好，也会增加学习热情。因此，从某种程度上来讲，两者是相辅相成的。

▶ 将主要精力放在优势科目上

例如孩子对数学感兴趣，成绩也一直不错，那就在这方面多投入一些时间，将数学成绩做到最好。之后他们会建立信心，从而影响到其他科目的学习。当孩子数学成绩很好，就会经常受到表扬，从而建立信心，认为其他科目也可以考出好成绩。

▶ 利用游戏激发孩子的好奇心

孩子的好奇心强，玩游戏又是天性，所以如果可以通过做游戏的方式，激发孩子对某一学科的兴趣，很容易帮助他们形成学习热情，从而自觉地参与学习。

「别担心暂时的落后」 ➡

很多孩子好胜心强，希望在短时间内取得好成绩，结果在匆忙追赶中不得要领，没有真正掌握学习方法，反而被落得更远。

记住，一口吃不成胖子，冷静分析自己的优势、特长，巩固自己在擅长领域的优势，仔细咀嚼弱势领域的学习材料，更好地分析掌握内容，你一定会更优秀。

清单思维：在有序学习中提升成绩

清单思维是目前很流行的时间管理方式之一，全世界都在采用，尤其备受高效能人士钟爱。如果从小养成清单思维，对于学习以及生活方面的帮助将会是十分明显的，长大之后就会养成清单思维的习惯。

如今很多孩子在学习、生活中始终处于无序状态，缺少计划性，往往是想起什么做什么，结果效率很差。来看一个案例：

> 淘淘今年小学 5 年级了，学习成绩一直不好，上课懒散，精力不集中。一开始，妈妈以为他不用功，就逼着他复习功课，但是情况并没有好转。
>
> 经过一段时间的观察，妈妈发现了问题，淘淘每天回家之后复习时间并不短，但问题是，缺少计划性，数学功课做了一半，突然想到英语单词还没背，又转而去学英语了。

> 一会儿学这个，一会儿学那个，虽然投入的时间精力并不少，但是没有效率，学习成绩依旧上不去。起初还以为淘淘太笨了，没有学习天赋，后来才发现主要是缺少了计划性，再加上孩子自控力差，在没有引导的情况下，就造成了如今的局面。

案例中淘淘的情况，完全可以通过清单思维进行引导，从而帮助他合理安排学习时间。

清单思维的两个关键步骤：

▶ **第一步——整理信息**

视觉化是清单思维的优势之一，当我们将学习任务列成清单，以视觉化呈现之后，就会形成直观的感受，例如 19:00 学习数学，20:00 学习语文……通过整理信息的方式，我们会很清楚下一步要做什么。

整理信息，就是将大脑中的任务列成清单，尤其适合整理学习任务。例如当你确定今天的学习计划是"复习数学"之后，大脑中就会开始思考，列出相关信息，并进行任务分解，进一步列出具体事项。

今日任务	数学
19:00 ~ 20:00	数学作业
20:00 ~ 21:00	难题解答
21:00 ~ 21:30	预习

▶ 第二步——清空大脑

孩子在学习过程中经常会处于混乱状态，抓不住重点，完全没有头绪。这时不要急着制订学习计划，在第一步结束之后，相关信息已经列成了清单，如果这时没有进一步的思路，那么可以先清空大脑。

也就是说，此时不要再去想其他事情，专注于整理好的清单信息。例如明天分别有数学跟英语考试，而清单整理出来的信息是有关数学的，那么此刻就不要去想任何与英语有关的信息。放空大脑，才能更专注于当下的任务。

清单式思考的最主要目的就是提高效率，可以让学生节省出部分思考时间，按照清单执行学习任务即可。制作学习清单很容易，我们在此只介绍一些技巧。

「四色原则与 5 分钟临时清单」

在制作清单时可以采用四色原则，分别是：

▶ **红色——重要事件**

代表最紧急、最重要的学习任务，必须马上处理。

▶ **蓝色——学习任务**

记录与学习相关的事项。

▶ **绿色——私事**

记录与生活有关的事项。

▶黑色——杂事

记录一些无足轻重的琐事。

5分钟临时清单，是一种简捷的时间管理方法，适合简单琐碎的学习任务。目的是让学生在短时间内专注于任务，适合制定某一科目的学习思路。

例如，你准备在饭后复习数学，你可以利用5分钟临时清单理清大致思路，列出你准备复习的内容：

1. 完成当天的作业；

2. 进行口算练习；

3. 做一张模拟试卷。

简单列出任务之后，思路也就出来了，等到具体执行的时候，就会有的放矢，提高效率。

期望定律：主观能动性是激发出来的

期望定律，也称"罗森塔尔效应""皮格马利翁效应"，这是一条非常著名的心理学效应，以心理学家罗森塔尔的名字命名。该定律可简单理解为，你期望什么，就会得到什么，是一种积极的心理暗示。

> 皮格马利翁是古希腊神话中塞浦路斯国王。国王性格孤僻，喜欢独居。他喜欢雕刻，利用象牙雕刻出一座美女像，这是他理想中的女性形象。久而久之，他竟然爱上了自己的作品，于是祈求爱神阿佛罗狄忒赋予雕像以生命。阿佛罗狄忒为他的真诚所感动，真的使这座美女雕像活了起来。皮格马利翁遂称她为伽拉忒亚，并娶她为妻。
>
> 随着传说流传开来，后人就把由期望而产生实际效果的现象叫作皮格马利翁效应。

美国著名心理学家罗森塔尔和雅各布森也进行过一项有关期望的研究。他们选中了一所学校，拿到了一份全体学生的名单。在经过抽样后，他们向学校提供了一些学生名单，并告诉相关的教师，这些被选出来的学生很有天赋，要求他们重点培养。

实际上，这些学生是随机挑选出来的。然而，教师并不知情，于是对这些学生给予了很高的期望。结果，在学期末的测试中，这些学生的成绩的确比其他学生高出很多。

罗森塔尔认为，造成这种现象的原因就是教师期望的影响。教师带着很高的期望重点培养这批学生，给予更多的关注，并不断向这些学生传递"你很优秀"的信息，学生就会不断被激励，从而加倍努力学习，最终提高了学习成绩。

在提升孩子行动力的过程中，期望定律能够起到很关键的作用。想要让孩子自动自发学习、做事，父母一定要善于利用心理暗示的力量，向他们传递"你很优秀"的关键信息。

那么，父母应该如何通过期望激发孩子的主动性呢？

▶ "if/then" 模式

这是心理学家 Peter Gollwitzer 提出的理论，也称为执行意图。"如果……则……"，父母可以通过这样的方式激励孩子，提升他们的主动性。

"儿子，如果你坚持晨跑，以后肯定会有拥有健康的身体，说不定你就是未来的 C 罗！"

通过这种方式，孩子不用消耗意志力就可以自动自发做事。这是一种预设模式，提前思考未来的任务。父母除了以此激励孩子之外，最好让他们掌握"if/then"的模式，这样就可以随时使用了。

"如果我背下更多单词，看美剧就不费劲了。"通过预设期望的方式，孩子就会产生行动的欲望，从而自动自发地开始学习。

需要注意的是，父母以此激励孩子的时候，一定找到他们最期望的点，比如明天有曼联的比赛，而 C 罗是孩子的偶像，那么今天就要预设一些与锻炼、足球相关的期望。

▶ 抓住每一次鼓励的机会

根据马斯洛的理论，每个人内心深处都有被赞美、被欣赏的渴望，孩子更是如此。所以，父母不要错过每一次赞美的机会，当孩子在某一科目表现出色的时候，都要及时赞美与鼓励，有助于帮助孩子建立自信，并培养出学习、做事的热情。

▶ 行为暗示

行为暗示可以是一个肯定的眼神、会心的微笑，也可以通过伸大拇指，父母抚摸孩子头发等行为，传递出一种满意的期望。这是在暗示孩子，你做得不错，继续努力。有时候，行为暗示的作用要胜于言语暗示。父母可以试想一下，当你比较尊重的人，向你招手示意的时候，你的内心是不是会受到鼓舞？

孩子更是如此，他们将父母视作榜样，一个行为方面的暗示，可以给他们很大的鼓舞。

「合理预期」

在采用期望定律时一定要合理预期，一般来说，根据孩子的能力，给予 20% 以内的预期。举例来说，如果孩子每次跑步 30 分钟，你想鼓励他增加跑步时长，那么给予 20% 的合理预期则（30 分钟 × 20%＝6 分钟）之后，下次可以考虑让他跑 40 分钟左右。

如果父母给予过高的期望，超过了孩子的能力，就会给他们造成压力，比如要求孩子坚持跑步 60 分钟，如果孩子没有达到，父母就会感到失望，同时也会影响到孩子。

期望越高，失望就会越大，如果期望值超过了孩子的能力，那么只会带来副作用。

奖励模式的设定

为了激发孩子的学习热情，奖励制度是必不可少的，而且要遵循一定的原则与标准，根据孩子的天性、喜好等因素进行设计，最关键的是一定要贯彻执行。

父母换位思考就能明白，假如你的公司老板在年初时制订了一项奖金策略，到了发年终奖的时候却不按照这个标准执行，你会怎么想？

孩子更是如此，他们缺少社会经验，对于这种不诚信的行为很难理解，这样势必会影响他们学习的热情，甚至令他们养成其他不良习惯。

制订奖励制度的原则是，采用精神激励与物质激励相结合的方式。目前很多书中所教授的内容都是精神激励法，如代币法、红星法。在我看来，随着孩子一天天长大，物质激励法也是非常重要的，毕竟现在不是物质匮乏的年代，让孩子形成与时俱进的思维观念也是很重要的。只不过，物质激励法要作为辅助手段，不能过于强调它的重要性。

下面介绍几种奖励方法：

▶ 代币法

顾名思义，这是一种用奖品、礼物等取代钱币的方式，这种方法就属于精神激励与物质激励相结合的方式。简单粗暴的金钱激励法并不适合成长期的孩子，对于年龄较大的孩子来说，单纯记小红星、小红花的精神激励法也无法充分调动热情，所以父母可以选择一些孩子感兴趣的礼物，价值不必太高，避免养成攀比心理。我认为这种方式可以最大限度地调动他们的学习热情。

具体规则

1. 每当孩子完成一项预期任务时，就在奖励表中进行"标记"，可以使用一些特殊符号来标记，比如，画一个五角星或画一个奖杯。

2. 当奖励"标记"积累到一定程度之后，孩子可以提出兑换奖品，也可以选择延迟兑换，这样能训练孩子的忍耐力。

3. 在奖品的设置方面，要让孩子参与进来，父母给他们选定一个范围，这样可以提高孩子的积极性，远比送一些他们不感兴趣的礼物更有效果。

Tips

奖品不一定是实物，不要限制自己的思路，比如，孩子想要多玩1小时游戏，想去看演唱会，这些都可以作为奖品。

▶ **红星法**

这是精神激励法的代表，适合于年龄较小的孩子，每当孩子完成一项学习任务时，用小红星予以记录。父母可以引导孩子动手制作一张红星表，调动他们的参与性。

学习红星表		
学习任务	**具体规则**	**红星标准**
课前计划表	根据当日课程，制订具体目标，例如，数学课要解决什么问题，英语课要解决什么问题……完成计划，记一颗红星	★（完成课前计划表）
被老师、同学表扬	每被表扬一次，记一颗红星	★★（当日被表扬两次）
每天背诵 10 个英语单词	每背完 10 个单词，记一颗红星	★★★（当日背诵了 30 个单词）
每周总结	记录一周红星数量，给予精神奖励	30 颗★
奖励方式	言语激励法 成就激励法	

Tips

红星表不仅适用于学习方面，生活方面也可以采用该表。

▶ 言语激励法

该方法以美言鼓励为主，当孩子表现出期望的行为时，父母及时做出鼓励，给孩子精神鼓舞。这种方法需要父母掌握一些必要的技巧：

1. 描述积极的现象。当孩子数学成绩考了全班第三名时，父母要将这种现象用语言表述出来，以起到强化作用。"明明真棒，数学成绩全班第三名！"

2. 追加期待。这是一种强化鼓励的方式，例如，"明明真棒，数学成绩全班第三名！下次争取考得更好！"

3. 父母描述个人感受。"明明太棒了，妈妈真为你骄傲。""妈妈太开心了！"

4. 利用言辞描述具体细节。这一点至关重要，能够起到强化的作用，让孩子意识到哪里做得好。"今天多跳了30个绳，真棒！""明明能把课本、文具都整理好，真是乖孩子。"

5. 提问增加互动性。在言辞激励的过程中，父母不要只顾着自己说，还要通过提问让孩子参与进来。"明明，今天比昨天多读了一首诗，你是怎么做到的？"父母要用欣赏与赞美的语气进行提问，引导孩子说出自己的心得、方法，这也是一种强化行为。

6. 量变引来质变。心理学研究证明，人的行为是可以通过语言质化的，也就是说，经常进行言语激励，可以激发孩子的积极行为；反之，经常性的批评，则会诱发孩子的消极行为。

▶ 成就激励法

对于孩子学习热情的培养，单纯的物质激励是存在弊端的，代币法虽然结合了相应的精神激励原则，但它对于中长期学习热情的培养，同样存在弊端。因为孩子在外界刺激下形成的学习热情会随着刺激的减弱而逐渐消失，这样并不利于他们养成持之以恒的习惯。

就如同成年人为了实现某一个固定的目标，会在短期内努力完成，当目标实现之后，就会放弃努力。例如，我想要在 1 个月内减掉 5 斤体重，30 天后我成功完成目标，那么我可能就不会坚持每天都去健身房了。学习也是如此，如果孩子给自己设定的目标是英语考试超过 85 分，那么，一旦达标，他就会放松下来。

成就激励法的作用就是弥补物质激励法的弊端，目的是培养孩子的学习兴趣，提升其学习热情。通过孩子学习效率的不断提高，培养孩子的成就感，令其逐渐享受学习的过程。

具体技巧：

1.根据孩子的优势、能力，设置一些他们容易实现的目标。比如，孩子在英语方面有优势，而且记忆力不错，可以每天让他背 10 个单词。当孩子轻松完成任务之后，每隔一段时间增加任务量，如每天背 20 个单词，在这个过程中孩子的成就感就会增加。

2.利用益智游戏，让孩子找到赢的感觉。比如，一些益智类游戏，既能锻炼孩子的大脑潜能，又可以增强他们的成就感。父母只需要注意习题难度，不要用过难的题目，以免打击孩子的积极性。

3.在竞技类项目中胜出。比如，父母可以跟孩子比赛拼图，故意输给他们，这也可以进一步激发孩子的兴趣。

「自我奖励」

　　来自父母、老师的外部激励很重要，而自我奖励的模式则更为有效。每当结束一段高强度的专注模式之后，例如，完成一次数学考试之后，最佳奖励方法就是通过发散模式奖励自己。可以从以下活动中选择自己最感兴趣的，来一次彻底的放松：

　　游泳

　　健身

　　跳舞

　　睡觉

　　旅行

　　K 歌

　　玩电子游戏

　　看一场电影

　　听一场演唱会

　　踢一场足球、打一场篮球

　　……

惩罚模式的设定

培养孩子的学习热情要以鼓励为主，但是惩罚措施也是不能缺少的。由于孩子的专注度有限，经常出现懒散、拖延的现象，所以必须有适当的惩罚模式，目的是时刻提醒他们注意自己的行为，增强他们的责任心。

皮皮是一个活泼好动的孩子，这是他性格方面的优点，同时也是缺点，因为太爱动，所以他无法专注于学习。

上课铃声响起，同学们纷纷回到座位上，皮皮还沉浸在课间10分钟的打闹嬉戏中，安静不下来。老师开始讲课了，皮皮则东张西望，一会儿摸摸前排女生的头发，一会儿又冲着旁边的王小球坏笑，根本没有进入学习状态。

结果，皮皮被老师批评了，还被罚站2分钟，他这才静下心，逐渐将状态调整过来。

适当的惩罚措施是很有必要的，毕竟孩子的自控力有限，有时候必须通过强制手段引导他们。惩罚模式同样可以采用物质惩罚与精神惩罚两种。

▶ 黑星法

黑星法是相对红星法来讲的，父母可以跟孩子一起制作一张学习黑星表，当孩子犯错或者没有完成学习任务时，就记一颗黑星，当黑星累积到一定数量时，就予以相应的惩罚。

学习黑星表		
学习任务	**具体规则**	**黑星标准**
课前计划表	根据当日课程，制订具体目标，例如，数学课要解决什么问题，英语课要解决什么问题……没有完成，记一颗黑星	☆（没有完成）
被老师批评	每被批评一次，记一颗黑星	☆ ☆（当日被批评两次）
每天背诵10个英语单词	哎呀，只记住了5个单词	☆
每周总结	记录一周黑星数量，给予适当惩罚	10颗☆
惩罚方式	言语批评法 积分排名法	

备注：如果黑星累积过多，则需要加大惩罚力度，否则孩子并不会感受到压力。例如，孩子一周下来得到30颗黑星，则说明问题十分严重，也从侧面说明惩罚的力度不够。

▶ 惩罚原则

1. 红星、黑星相互抵消

对于孩子来说，会很在意红星与黑星，黑星过多也会影响他们的情绪。父母要引导他们，告诉他们暂时的失败并不可怕，如果这一周黑星过多，那么下一周可以通过积极的表现获得更多红星，这样就可以将黑星抵消，最终交出一张只有红星的学习任务表。

2. 惩罚要戳中孩子的痛点

对于孩子不在乎的事，惩罚的作用是很有限的。例如，每累积 10 颗黑星，就扣掉 5 元零花钱，然而有些孩子每个月会得到 50 元零花钱，这样的惩罚力度并不会刺激到他们。如果孩子喜欢玩网络游戏，每累积 10 颗黑星，就减少一次玩游戏的时间，那么他们可能就该着急了，从而会将更多的精力投入学习中。

▶ 言语批评法

就像孩子取得成绩理应获得鼓励，孩子犯了错误也应当接受批评，然而父母需要注意批评的方式。孩子的心理承受能力不强，尤其是青春期的孩子存在逆反心理，所以不恰当的批评方式只会带来负面作用。

1. 根据孩子的特点，选择他们能够接受的批评方式。例如，孩子正值青春期，存在一定的逆反心理，这时批评应该对事不对人，比如，数学没考好，这时父母应帮助孩子分析具体原因，而不是指责孩子。

2. 不翻旧账，不要喋喋不休。"上次考得那么好，这次怎么就不行了？"翻旧账或者抓住孩子错误不放的批评方式没有意义，并不能解决问题，还会导致双方的对立。

3.父母不能带着情绪。在进行批评教育的时候，一定要在双方都冷静的状态下，这样双方才能将精力放在解决问题上。

4.先贬后褒与先褒后贬。这两种方式都可以，但一定要结合使用，而且鼓励的成分要多一些，最后的关键点也要落到鼓励上面。

▶ **积分排名法**

这种方法类似于黑星法，只不过将黑星换成了积分。父母先设定标准，然后通过表格的形式呈现出来，让孩子自己记录分数，以每周为单位，让孩子与之前的自己进行比较，如果没有超过前一周的自己，则适当予以惩罚。

学习积分表		
学习任务	具体规则	评分标准
课前计划表	根据当日课程，制订具体目标，例如数学课要解决什么问题，英语课要解决什么问题……完成计划加1分，没有完成计划，减1分	+1
数学作业	没有完成数学作业，减2分	-2
英语作业	如果英语是强项，没有完成任务，则加重处罚，减3分	-3
每周总结	一周结束之后计算总分数	-4
本周分数		-4
上周分数		+3
奖惩方式	由于本周表现不佳，予以相应惩罚，分数相互抵消，继续下周积分	-1

「**接纳困惑**」

困惑是学习过程中的有益部分。当学生在一个问题上百思不得其解时，就会觉得这不是他们擅长的学科，那些聪明的学生尤甚。他们在学习中往往顺风顺水，这让他们完全没法想象困惑是正常和必需的。但学习本来就是从困惑中摸索问题答案的过程，能够描述出来问题就已经成功了一半。只要发现了困扰你的东西是什么，那么你就离解答出来不远了。

——肯尼斯·R.莱伯德（Kenneth R. Leopold）明尼苏达大学化学系教授

游戏时间

行动力测试

接下来的游戏，将会测试孩子们的行动力，这是时间管理中很重要的技能之一。毕竟，再好的计划也需要得到高效执行才有意义。

○ 游戏玩法

周六的早上，妈妈突然叫醒赖床的宝宝，告诉他一个激动人心的消息——今天要去公园玩，让他马上起床，抓紧时间洗漱，然后就出发。

等孩子整理完毕之后，在他的面前摆出六种颜色的鞋子，看他如何选择：

A. 红色　B. 蓝色　C. 黄色

D. 绿色　E. 黑色　F. 白色

红色　　蓝色　　黄色　　绿色　　黑色　　白色

这是一个很有意思的行动力测试游戏，根据选择的鞋子颜色，可以看出他们的执行力情况。

▶ 选择红色球鞋的人 —— 具有相当的行动力

如果孩子选择红色球鞋，说明他是一个很有行动力的人。红色象征着热情，喜欢红色的孩子做事果断，雷厉风行，缺点则是性情急躁，容易犯错。在学习方面，应该养成检查作业的习惯，这样可以减少出错概率。

▶ 选择蓝色球鞋的人 —— 冷静且行动效率高

选择蓝色球鞋的孩子性情沉稳，他们的行动力比不上选红色球鞋的孩子，但是效率更高，尤其是在学习方面，因为他们将更多时间用来分析题目，避免因为盲目行动而增加错题率。

▶ 选择黄色球鞋的人 —— 选择性的行动力

选择黄色球鞋的孩子，对自己喜欢的和认为愉快的事具有很强的行动力，对其他事则行动意愿不强。学习不是游戏，不能根据喜好决定，所以父母必须帮助他们改正心态。

▶ 选择绿色球鞋的人 —— 在面临困境时更容易爆发出行动力

绿色代表平静、平和，选择绿色球鞋的孩子一般行动力不强，他们只有在面临困境时才能被激发出干劲。父母可以针对孩子的性格，人为制造压力，让他们将更多精力投入学习中。

▶ 选择黑色球鞋的人 —— 完全没有行动力

选择黑色球鞋的孩子则属于慵懒型，大部分都是拖延症患者，不仅是学习，生活中也缺少行动力。

▶ 选择白色球鞋的人 —— 不擅长自发性的行动

选择白色球鞋的孩子也是比较懒散的，不擅长自发性的行动，必须有人督促才行。这就需要父母为其创造机会，当他们了解到学习的重要性之后，就会开始行动起来，因为他们具有很强的责任感，不喜欢半途而废。

⭕ 训练目的

通过测试，让孩子认识到自己的行动力，从而激发他们强化行动力的意愿。

Tips

以上行动力测试只是一个小游戏，并不能作为严谨的评判标准。

谁的反应快

这是一个训练孩子反应能力与执行力的小游戏。

● 游戏玩法

游戏规则很简单，父母让孩子根据自己的命令做动作，同时自己做出干扰动作，看看孩子能否反应过来，跟上口令，做出正确的手势，父母则记下孩子的反应时间。

游戏举例：

妈妈："把手放在头顶。"

与此同时，妈妈用手摸自己的鼻子。

看看孩子是否能够做出正确的动作，并记录反应时间。

● 训练目的

通过该游戏的训练，可以提高孩子的反应速度，孩子的大脑在训练过程中会飞速运转。同时，这个游戏也为父母提供了很好的亲子互动机会。

蒙眼折纸

蒙着眼睛怎么折纸？其实，这一点都不难。这个游戏训练的是孩子的执行力与沟通能力，父母先将孩子的眼睛蒙上，然后发给他们几张白纸，告诉他们根据自己的命令操作。

游戏需要重复多次，然后对比每一次折纸的结果，看看最后的图形是否一致。如果结果一致，则说明孩子具备很强的执行力。

〇 游戏玩法

第一步：将一张正方形的白纸对折

第二步：再次对折

第三步：在右上角用手撕一个正方形

第四步：再次对折

第五步：在右上角撕出一个三角形

第六步：再次对折

第七步：在中间撕出一个圆形

按照上述步骤，连续执行多次，检查每一次的结果是否一致。大部分孩子折纸的结果都不一样，因为被蒙着眼睛，同时父母没有给出明确的标准，和孩子也没有沟通，这就说明执行力与沟通力欠缺。

　　问题往往在第二步的时候就出现了，第一次对折都不会错，从第二次对折开始，孩子可能向上下对折，也可能左右对折，结果肯定不一样。因为父母没有给出标准，孩子也没问，所以他们会按照自己的理解去对折。这样一来，在多次练习的过程中，他们可能会改变习惯，往相反的方向对折，结果就会不统一。

　　进行多次练习的目的就在这里，如果结果一致，则说明孩子的执行力和沟通力较强。

⭕ 训练目的

　　该游戏重点在于培养孩子的沟通能力，通过游戏可以有效激发他们的沟通意愿。

「本章知识点」

▶ 时间框架

做事之前，先建立一个时间框架，也就是说这件事大约要花费多长时间。这是一种做计划的习惯，同时也可以锻炼大脑。例如，去上辅导班，你需要准备材料，设定一个 5 分钟的时间框架，在此期间你会思考需要准备什么。为了提高效率，尽可能做到比平时的用时更短，比如，一般来说你需要 10 分钟整理材料，那么只给自己 5 分钟，这是一个提升效率的过程。

▶ 从优势科目找回自信

没有谁天生成绩不好，那些成绩不理想的孩子只不过是缺少正确的学习方法，同时选错了专注领域。

如果孩子对数学不开窍，不要硬逼他们，否则很可能让他们失去对学习的兴趣与信心，继而影响其他科目的学习。找到孩子擅长的科目，让孩子先从这一科目上找回自信，把成绩搞上去，孩子一旦有了信心，就会对其他科目感兴趣，认为自己可以学好，从而提升整体成绩。

▶ 清单思维

这是全世界最流行的时间管理方法之一。从小培养孩子的清单思维是非常重要的，这样不仅可以激发大脑的思考力，还可以提升孩子做事的条理性。

▶ 利用期望定律激活孩子能动性

心理学家罗森塔尔认为，给予孩子怎样的期待，他们就会有怎样的表现。不过在执行期望定律的过程中，父母要注意合理预期，因为一旦超过孩子的能力过多，就会产生副作用。

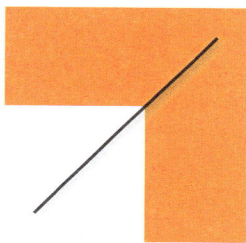

LESSON 5

儿童自控力
保持专注才能提高效率

　　孩子的自控能力普遍较差，很难长时间专注于学习，势必会影响学习效率。改变这种情况，除了充分调动意志力外，还需要相应的方法，这样才能更好地掌控自己的时间与学习。

儿童意志力测试

Tom 家最近经常闹鼠灾，家里频繁有老鼠出现，于是 Tom 就找来了老鼠的天敌——一只大花猫，希望它能抓住老鼠。

老鼠们发现大花猫之后，立刻召开紧急会议，首领告诉成员们，三天内不要出去觅食，就算饿肚子也要忍一忍，过了这阵风头再根据形势而动。

老鼠们熬了两天，窝里已经没有任何食物了，成年老鼠由于知道大花猫的厉害，严格听从首领的命令，一直躲在窝里，不敢出门半步。

然而，一些年轻的老鼠由于没见过大花猫的厉害，并不相信首领的话。最主要的是，它们实在太饿了，缺少自控力，所以几只老鼠商量好，趁着大家睡着的时候偷偷溜出去找食物。

它们在垃圾桶内找到了剩菜剩饭，刚开始还小心翼翼，后来发现根本没有危险，就肆无忌惮地大吃起来，一边吃一边说话，还笑话首领跟成年老鼠，认为它们胆小太小了。

没想到就在这时，一个巨大的阴影晃过。几只小老鼠吓坏了，反应快的拔腿就跑，而有一只倒霉的小老鼠，由于吃得太多，又被吓得动弹不了，最终被大花猫吃掉了。

这个故事中，小老鼠表现出意志力薄弱的缺点，它们缺少自律性，被吃掉的那只老鼠，不仅没有听从首领的话，忍受不了饥饿，而且在面对食物的时候无法自控，最终因为吃得太多而跑不动了。

相对于成年人来说，孩子的意志力较为薄弱，下面这个测试从某种程度上可以帮助父母了解孩子的意志力情况。

让孩子根据实际情况完成各题：

1. 喜欢爬山、走路、长跑等考验耐力的体育项目。

a. 很同意　b. 比较同意　c. 可与否之间

d. 不大同意　e. 不同意

2. 对于已经设定好的计划，常常因为主观原因不能如期完成。

a. 很同意　b. 比较同意　c. 可与否之间

d. 不大同意　e. 不同意

3. 如果没有特殊原因，每天能够按时起床，不睡懒觉。

a. 很同意　b. 比较同意　c. 可与否之间

d. 不大同意　e. 不同意

4. 你认为制订计划应有一定的灵活性，如果完成计划有困难，随时可以改变或取消计划。

a. 很同意　b. 比较同意　c. 可与否之间

d. 不大同意　e. 不同意

5. 当学习与娱乐发生冲突的时候，你会毫不犹豫选择前者。

a. 很同意　b. 比较同意　c. 可与否之间

d. 不大同意　e. 不同意

6. 你认为在学习中遇到困难的时候，最好的办法是立即向他人求助。

a. 是的　b. 有时是　c. 是与非之间

d. 很少这样　e. 不是

7. 在长跑过程中即使筋疲力尽，走也要走到终点。

a. 很同意　b. 比较同意　c. 可与否之间

d. 不大同意　e. 不同意

8. 你经常被电子游戏、小说吸引，无法自拔，以致不能按时睡觉。

a. 经常如此　b. 较常如此　c. 有时如此

d. 较少如此　e. 没有

9. 在开始学习某一科目之前会做计划，然后带有目的性地完成学习任务。

a. 经常如此　b. 较常如此　c. 有时如此

d. 较少如此　e. 没有

10. 如果你正对某事非常感兴趣，那么无论发生其他什么事，你的积极性都不高。

a. 经常如此　b. 较常如此　c. 有时如此

d. 较少如此　e. 没有

11.在学习过程中，其他吸引你的事都会暂放一边。

a.是的　b.有时是　c.是与非之间

d.很少这样　e.不是

12.有时你下决心明天一定要做某事，但到第二天这种劲头又消失了。

a.经常如此　b.较常如此　c.有时如此

d.较少如此　e.没有

13.你能长时间做一件重要但枯燥乏味的事情。

a.是的　b.有时是　c.是与非之间

d.很少这样　e.不是

14.生活中遇到复杂情况需要做出判断时，你常常优柔寡断，举棋不定。

a.经常如此　b.较常如此　c.有时如此

d.较少如此　e.没有

15.做一件事之前，你首先考虑的是重要性，其次才考虑是否感兴趣。

a.是的　b.有时是　c.是与非之间

d.很少这样　e.不是

16.需要就某事做出决断时，你常常拿不定主意，希望别人帮你作抉择。

a.是的　b.有时是　c.是与非之间

d.很少这样　e.不是

17.当你决定复习功课时，总会立即行动。

a. 是的　b. 有时是　c. 是与非之间

d. 很少这样　e. 不是

18. 在和同学、父母争吵时，即便明知不对，也忍不住说出偏激的话。

a. 是的　b. 有时是　c. 是与非之间

d. 很少这样　e. 不是

19. 你希望能锻炼出顽强的意志品质，因为你深知忍耐者更容易成功的道理。

a. 是的　b. 有时是　c. 是与非之间

d. 很少这样　e. 不是

20. 相比努力你更相信机遇。

a. 是的　b. 有时是　c. 是与非之间

d. 很少这样　e. 不是

计分方法

单号题，每题后面的五个选项，从 a 到 e 依次记 5 分、4 分、3 分、2 分、1 分。

双号题，每题后面的五个选项，从 a 到 e 依次记 1 分、2 分、3 分、4 分、5 分。

自测结论

81 ~ 100 分：意志坚定。你的意志力超过了 90% 以上的同龄人，未来大有可期。

61 ～ 80 分：意志力较强。你能够实现大多数学习目标，如果能够在困难的学习任务上再进一步，将会得到很大提升。

41 ～ 60 分：意志力适中。跟大多数同龄的孩子一样，你的意志力与耐性属于中游水平，不好不坏。因此，多付出一些，就会有提升。

21 ～ 40 分：意志较薄弱。当你面对困难时没有足够的忍耐力，常常迎难而退，无论学习还是生活中，你都处于被动的状态。如果你已经习惯了这种生活，没有想改变的意愿，这不是一个好的迹象。

0 ～ 20 分：意志薄弱。你最好立刻开始改变。

Tips

自测结论仅供参考，并不能作为严谨的评判标准。

"我要学""我不学""我想学"

每个人的大脑中都有三种力量操控着意志力，"我要做""我不要""我想要"，孩子也是如此，将其运用到学习方面，就变为"我要学""我不学""我想学"。

大部分成年人在意志力方面的表现都不尽如人意，更不要说是孩子了，当他们面临手机、电子游戏的诱惑时，"我不学"的力量就会占据上风，这时必须将"我不学"变为"我不要"，也就是对诱惑说"不"。

"我不要"是意志力的重要组成部分，面对自己不喜欢的事，一定要敢于说"不"。在学习方面，例如，面对难题时，有些孩子就会产生拖延心理，他们会想，这些题太难了，做也做不对，浪费时间。这时就需要调动"我不要"的力量，对这种想法说"不"。

提升学习力的根本，是将"我不学"变为"我想学"。每个孩子都有一定的意志力基础，只不过是程度不同而已，为了充分调动学习能动性，一定要激活孩子"我想学"的力量，屏蔽"我不学"的想法。

如何屏蔽"我不学"的想法，激活"我想学"的力量呢？最主要的方法就是心理暗示法。

当诱惑摆在面前时，比如，手机游戏中的队友正在召唤你，可是明天还有考试，你会怎么做呢？

你需要通过自我暗示形成一道信念屏障，"如果明天考试成绩不好，妈妈就会罚我一星期不能玩游戏""如果我贪图一时之乐，那么下周可能都不能玩游戏了，损失太大了"。

通过这样的暗示方式警告自己，调动大脑中说"不"的力量。之后，再次进行积极的自我暗示，"如果明天考试成绩好，不仅可以打游戏，还会得到一些其他奖励"。通过目标调动积极性，以此激活"我想学"的力量。

斯坦福大学的神经生物学家罗伯特·萨博斯基认为，现代人大脑前额皮质的主要作用就是让人们选择更困难的任务。例如，你的记忆力很好，1分钟可以背5个单词，它就会鼓励你1分钟背10个单词；如果将学习任务拖延到明天很容易，它就会督促你今天务必完成任务。

如下图所示：前额皮质分为三个区域，大脑左边的区域负责"我要做"的力量（大脑的左边区域，而不是图片的左边，不要搞混），这个区域负责处理枯燥、复杂且充满压力的任务。例如，你想偷懒玩会儿游戏，它会让你继续学习，这就是它的作用。

大脑右侧区域则负责"我不要"的力量，它能帮你拒绝诱惑。

第三个区域在前额皮质中间靠下的地方，作用是记录目标与欲望，也就是"我想要什么"。

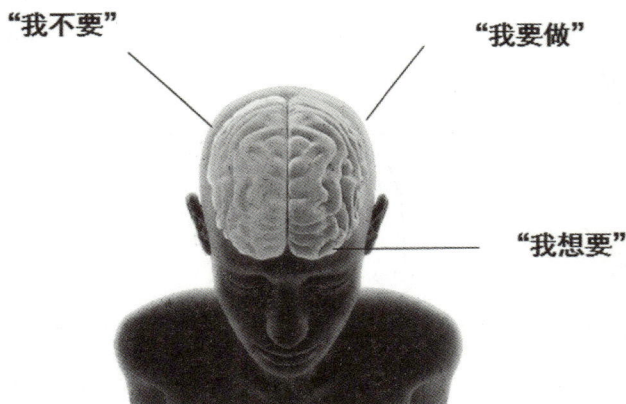

"我不要"　　　　"我要做"

"我想要"

「思考时间」　　→

　　对你来说，最难的是什么？拒绝手机游戏的诱惑？数学试卷最后三道题？英语听力？

　　想想对你来说最困难的任务，当你想到它时有什么感觉？如果不能克服诱惑，你准备怎么改变？

每个人的大脑中都有两个自我

在特拉维斯的人生中，最不堪回首的日子就是 16~19 岁这几年，他认为这是迄今为止人生中最黑暗的一段时光。他在高中因为被同学欺负而最终选择辍学，工作之后又因为不能控制情绪而与顾客发生争执，最后被麦当劳辞退；更令他难以承受的是，父母在两周内双双去世。

特拉维斯认为生命中很多挫折都源自缺乏意志力，认识到这一点之后，他总是对着镜子呵斥自己，要求自己更加努力。面对别人时，他要求自己更加克制。然而，这些自律的尝试全都失败了。

不过，这一切在他加入某大型咖啡品牌工作之后彻底改变了，特拉维斯在这里学会了自律。经过 6 年的努力工作，他已经是两家年收入超过 200 万美金的门店经理了。

特拉维斯在星巴克学会了如何应对挑战，如何保持专注，如何早起而避免迟到，以及如何管理情绪。这一切，彻底改变了他的人生。

　　这家公司为什么会培养员工的自律性？要知道，它只是一家咖啡店。因为他们的管理人员发现，教会员工自律能够提高员工素质，同时提高服务质量。于是向旗下 133700 名员工推行不少于 50 小时的自律课程，仅第一年，其年收入就增加了 12 亿美元。

　　每个人的大脑中都有两个自我，一个是不自律、自控力差的自己，一个则是自律性强的自己。一个人如果缺少正确的方法，那么就会像年轻时的特拉维斯一样，四处碰壁；如果能够在这场博弈中，让自控力强的自己占上风，那么就会像成年后的特拉维斯一样，变得越来越优秀。

　　对于学生来说，年龄越小，大脑中那个肆意妄为的自己，越容易在脑海中占据上风。

　　学习本节的目的就是帮助孩子提升自律性，激活大脑中那个善于克制冲动、深谋远虑的自己，这样一来，孩子在学习时就可以更好地控制自己，更专注于学习，而不是被其他琐事干扰。

　　如何正确认识自己，找出大脑中意志力更强的那个自己？我介绍的方法是记录你的决定。

　　心理学家介绍说，大部分人根本无法意识到自己为什么做出决定，也没有认真考虑过这样决定的后果。最关键的是，人们根本意识不到自己已经做了决定。

　　有相关人员进行过研究，发现人们每天对食物做出 227 个选择，这听上去真的有些不可思议，而调查问卷显示，大部分人猜测自己一天中只会做出 14 次有关食物的决定。

　　可见，我们每天都会被无数决定分心，消耗意志力。学习也是如此，来自外界的诱惑不断地冲击着学生们的自控力，学习过程中微信响了，回复完毕之后，顺手去刷了一遍朋友圈，无形中便浪费了不少的时间。

心有旁骛，冲动就会主导你的选择，从而导致分心，影响你的学习效率。对此，你可以回忆并记录一天中所做的决定，然后逐一分析，筛选出那些让你分心的决定，下一次有意识地屏蔽这些决定。同时找出那些有利于提高学习效率的决定，并牢牢记住它们。

「睡眠不足，自控力下降」

研究人员表示，睡眠不足的人，其情绪跟注意力都会受到影响。睡眠过少，人就很难控制冲动行为，同时无法集中注意力。

每天中午小睡一会儿，能够有效补充精力，恢复意志力。时间不用太久，10～20分钟就够。中午吃完饭之后，意志力会进入一个由盛到衰的过程，人也非常容易犯困，这时学习效率是最差的，这也是很多孩子下午第一节课犯困的原因。

有些孩子中午睡觉醒不了，耽误下午上课，实际上小睡的习惯是完全可以训练出来的。下午上课之前，在课桌上小睡一会儿，如果可以短暂睡着，就能够有效恢复意志力。

意志力是有限的，将精力集中于重要科目

意志力具有神奇的作用，可以让人在短时间内集中注意力，发挥出"我想要"的巨大能量，可是意志力并不是无限的，对某些人来说，更像是"稀缺资源"，当意志力消耗之后，注意力就会下降。

凯斯西储大学的马克·姆拉文博士表示，意志力并不会总是起到作用。他说自己有时候喜欢长跑，有的时候却喜欢赖在沙发上吃糖，这说明意志力并不是恒定的。

马克·姆拉文博士做过一项实验，他召集了67名大学生，并让他们饿了一顿，然后在他们面前分别摆上巧克力饼干和胡萝卜。

研究人员将这些学生分为两组，A组的同学可以吃饼干，B组的同学只能吃胡萝卜。

吃到饼干的A组学生满满的幸福，而只能吃胡萝卜的B组学生则一脸苦相，充分动用意志力抵御了饼干的诱惑。

等学生们淡化了对食物和饥饿的记忆之后，研究人员让他们参加一个游戏：

研究人员告诉学生们，这个游戏需要他们一笔画出一个几何图形，且同样路径不能重复。

这是一道无解的题目，但是研究人员暗示学生们，这个谜题很简单。最后告诉大家，谁要是想退出摇铃示意即可。

解题的过程需要耗费大量的意志力，由于这道题无解，所以耗费的意志力更多。

马克·姆拉文的目的是发现那些已经消耗了大量意志力的学生，是否会更快地退出，以及意志力是否是有限的资源，单靠意志力能不能真正实现自律。

实验结果显示，吃饼干的学生整体表现比较轻松，平均在谜题上花费了 19 分钟；而那些吃到胡萝卜的学生，由于已经耗费了很多意志力用来抵制诱惑，所以他们的意志力趋向枯竭，在解题过程中普遍表现出焦躁情绪，甚至对研究人员叫嚣，他们平均只花费了 8 分钟在谜题上。

由此，马克·姆拉文得出结论：意志力是一种有限的资源，如果之前已经消耗了意志力，那么就很难动用意志力来自律。所以姆拉文建议，如果你想要动用意志力做一些事情，比如克制饮食、夜跑等，那白天就应该减少使用意志力，做一些不太乏味的工作。

通过马克·姆拉文的实验，我们也得出了相应结论，为了更好地提升学习效率，必须有针对性地将意志力用在重要科目上或者说用在紧急且重要的学习项目上。

举例来说，明天要进行英语考试，那么今天就应该将大部分意志力用在复习英语上。全部精力专注于英语复习，就可以最大化保证学习效率。如果还是像以往一样，每一科都看一遍，那么势必会消耗意志力，留给英语的精力就会减少。

还有些学生，因为第二天有英语考试，所以先复习其他功课，想着睡觉之前再复习一遍英语，第二天的印象更清晰。这是相当错误的方法，因为每个人的精力有限，即便是成年人，也只能保证8~10小时的思考效率，孩子的专注时间则会更少。

如果前面的功课耗费了太多意志力，那么最后即便留给英语的时间很长，也无法保证效率，这时候很可能学不进去了，相当于浪费时间。

所以，在学习的时候，每个人要根据自身特点，筛选出最关键、最重要的学习任务，将主要精力放在该任务上，这样就可以保证学习效率最大化。

一个人不能同时骑两匹马

一个人不能骑两匹马，骑上这匹就要丢掉那匹。

——歌德

如今，很多孩子的学习热情很高，在热情的推动下，他们也能立即行动起来。然而，他们最容易犯的错误就是什么都想学，结果哪科都没学好。例如，一会儿学习英语，一会儿又去学习物理，过一会儿又想起数学。

一个人的时间与精力是有限的，孩子的专注力又是相对短暂的，如何在有限的时间内确保学习效率的最大化，就要学会合理地分配学习任务。对于能力较强，各科成绩均衡的孩子来说，平均分配每一科的学习时间比较合理，但是大多数学生很难做到这一点。对于这类学生来说，保持专注力就非常重要，集中精力解决掉一个最重要的学习任务，然后再去处理其他任务。

这也是教孩子时间管理的目的，让他们明白，一个人不可能同时骑两匹马，必须有所侧重。

有些孩子变通性不强，比如设定的学习计划是 30 分钟做数学，30 分钟做语文。结果处理一道难题，在 25 分钟的时候才有思路，刚开始解题就到时了。他们严格按照计划执行，放下数学题，又去复习语文了。结果可想而知，学习效率很难提升。

这不是我们提倡的学习方法，提升行动力的目的是提高学习效率，而不是单纯地追求速度。

专心致志是一种习惯，它可以让人在短时间内集中于某一件事，并将效率最大化。如果您的孩子年纪较小，可以通过讲故事的方法进行引导，在此可以引入一个故事：

> 从前，有位名叫弈秋的人，他的棋艺精湛。一次，弈秋收了两个学生，向他们传授自己的棋艺。在授课的过程中，一个学生听得十分认真，另一个学生则经常走神，不时望向窗外，心思完全没有放在听课上。
>
> 讲完之后，弈秋让他们对战一局，以此检验听课的效果。结果，专心听课的学生攻守从容有序，而频繁走神的学生则一直处于守势。
>
> 弈秋见状，语重心长地对两个学生说："虽然下棋只是一种小小的技艺，算不得什么大本事，但不专心致志地学习，也是学不好的啊！"

通过故事让孩子了解到专注的重要作用，因为只有专注才能让学习效率最大化。那么，如何保持专注力，提升学习效率呢？

▶ **把时间分配给最感兴趣的科目**

在学习的时候，一定要遵从内心的指令，找到此刻最感兴趣、最想学的科目。我指的是在完成当天功课的基础上，也没有紧急事项时，比如第二天要考数学，这种情况还是以复习数学为主。除此之外，根据自己的状态，当时对哪一科目感兴趣，就复习什么，这样的学习效率是最高的。例如，有一道数学题困扰了你很久，突然来了思路，这时就应该将主要精力放在解题上，即便整个晚上都专攻数学这一科也是值得的，因为进入了状态，效果就会非常好。

▶ 跳过难点

对于困难的事情，会习惯性拖延，在学习过程中，如果遇到难点，很容易造成花费了很多时间却没有效果的情况，这时就需要直接跳过难点，等有思路的时候再做。

▶ 清空大脑

当脑子里考虑的事情过多时，就会出现分心的现象，这时你需要做的就是清空大脑，摒弃杂乱的思绪。清空大脑的方法有很多，根据个人喜好进行选择，比如冥想 10 分钟，听一两首歌曲，出去散散步。清空大脑之后，转而将全部注意力集中到当前科目上，这样就可以提高学习效率。

「专注带来快乐」

美国心理学家米哈伊·奇凯岑特米哈伊针对专注力进行过多年测试，每天他都会随机地打断一些正在专心致志工作的人，问他们正在做什么，想什么，感觉到什么。

结果显示，一旦人们的注意力不被外部活动占满，种种悲观的念头就会乘虚而入！所以，人们才会让自己一直处于忙碌状态。

这项研究还有另一个发现：人们要想感受到真正的快乐，就必须把全部注意力集中在一件事情上。例如，专心学习，专注工作。

游戏时间

我们都是木头人

相信很多 80 后父母都玩过这个游戏，但是当时大部分人应该只顾着玩，并没有意识到这个游戏还可以培养自控力。 现在想一想，当站在最前面的小朋友不断喊着"我们都是木头人，不许说话不许动"的时候，其他小朋友内心很是煎熬，有些甚至控制不住自己，结果经常有小朋友被逮到，输掉游戏。

父母可以通过这个游戏培养孩子的自控力，如果没有很多小朋友，可以和家人一起玩这个游戏，比如，叫上爷爷奶奶、爸爸妈妈，这样就可以凑够 5 个人了。 或爸爸妈妈加上孩子，3 个人也可以玩。 人越多，气氛越好，孩子的兴趣也就越大。

游戏玩法

1. 石头剪刀布，输掉的人要站在最前面，背过身喊口号。

2. 其他人要跟前面背身喊口令的人拉开一定距离，如十步的距离。

3.大家跟着前面的人一起喊口令："我们都是木头人，不许说话不许动，不许走路不许笑！"同时往前行进，谁先摸到前面的人就算赢。

4.每一次口号停止，前面的人迅速转过头来，后面的人必须保持静止状态，如果发现谁动了就算谁输，这个人就要出局，其他人继续游戏。

5.保持静止状态，要像木头人一样，面无表情，没有任何动作。这个时间需要持续 3 ~ 5 秒，然后前面的人回过头，重新喊口令，后面的人则继续向前行进。

○ **训练目的**

对孩子来说，保持自控力是很难的，尤其让他们像一个木头人一样，大多数孩子都会出现笑场或其他动作，这时就会输掉比赛，而父母应该制订相应的惩罚规则，以此培养孩子的自控能力。

我是司机

这是一个角色扮演的游戏，苏联儿童教育心理学家列夫·维果斯基提出过一个理论，他认为角色扮演（过家家）游戏能够让孩子（尤其是 5 岁以下）学会更好地控制自己的行为，从而培养自控能力。

相关科学家做过类似的研究，他们让一些 4 岁左右的孩子站着不动，看看能坚持多久，结果大多数孩子都坚持不了 1 分钟。然后，科学家换了一种方式，他们告诉孩子，可以把自己想象为保家卫国的战士，结果所有的孩子都能坚持 4 分钟以上。

根据这个理论，我们可以设计一个简单的小游戏，名字就叫"我是司机"。

在进行游戏之前，父母先进行引导，告诉孩子司机的具体职责，提醒孩子按照路线开车，到站了要报站。

● 游戏玩法

很多家庭都有适合孩子"驾驶"的玩具车，如果家里面的空间足够大，可以设定一条路线，并在中途设置一些站点，告诉孩子如果可以按照路线行驶一圈，并在站点停车报站，便可以获得奖励，反之予以惩罚。

在游戏过程中，孩子被赋予了一定的责任，这会让他们集中精力尽到自己的职责，控制自己的行为，这是一个加强自控力的过程。

⭕ **训练目的**

这也是一个培养孩子自控力的游戏，这个游戏可以加强孩子的责任意识，引导其努力控制自己的行为。

软糖实验

20世纪60年代，著名的心理学家瓦特·米歇尔在斯坦福大学的幼儿园做过一次很著名的软糖实验。研究人员先给一群4岁的孩子每人一颗糖果，并对他们说："你可以随时吃掉。但如果能坚持到我回来后再吃，那就会得到两颗糖。"

在等待的过程中，有些孩子很快就把糖吃了，有些孩子坚持等到实验者回来，最终吃到了两颗糖。

父母也可以设计一个类似的游戏，以培养孩子的自控能力。不一定是软糖，可以是孩子喜欢的任何东西。例如，孩子喜欢吃蛋糕，父母就设计一个"蛋糕实验"；孩子喜欢玩电子游戏，父母就设计一个"手机实验"。

● 游戏玩法

我们以"蛋糕游戏"举例：

1. 选择孩子最爱吃的一款蛋糕。

2. 告诉孩子，自己要去超市买牛奶，大概要去 20 分钟。可以这样跟孩子说："宝宝，妈妈去买牛奶，如果你能等我回来再吃蛋糕，我会再奖励给你一块，还会给你一袋牛奶。如果你没忍住，就只能吃到一块蛋糕。"

3. 观察孩子的表现，并通过类似游戏，不断培养他们的自控能力。

● 训练目的

该游戏同样锻炼孩子的自控力。孩子在面对蛋糕诱惑的时候，很难控制自己的行为，这就需要父母平时多加引导，逐渐加强孩子的自控能力。

「**本章知识点**」

▶ **睡眠不足会导致自控力下降**

研究人员表示，睡眠不足的人，其情绪跟注意力都会受到影响。睡眠过少，人会很难控制冲动行为，同时无法集中注意力。所以，要让孩子保持充足的睡眠时间，并养成中午小睡的习惯。

▶ **马克·姆拉文博士认为：意志力是一种有限的资源，如果之前已经消耗了意志力，那么就很难动用意志力来自律**

孩子的意志力资源更为有限，所以，为了更好地提升学习效率，建议孩子有针对性地将意志用在重要科目上。

▶ **专注带来快乐**

美国心理学家米哈伊·奇凯岑特米哈伊针对专注力进行过多年测试，每天他都会随机地打断一些正在专心致志工作的人，问他们正在做什么，想什么，感觉到什么。

结果显示，一旦人们的注意力不被外部活动占满，种种悲观的念头就会乘虚而入！所以，人们才会让自己一直处于忙碌状态。

这项研究还有另一个发现：人们要想感受到真正的快乐，就必须把全部注意力集中在一件事情上。例如，专心学习，专注工作。

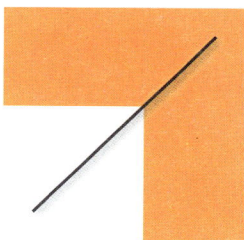

LESSON **6**

效率为王

提高学习效率的关键训练

如何在尽可能短的时间内提高学习效率，这是每一位父母跟孩子最关心的问题，提升学习效率并不是累积时间那么简单，这需要孩子更好地掌控时间和更有效地学习，这也是本章教学的目的。

90% 的家长都会忽视的学习环境

90% 的家长都会忽视一个重要问题，那就是学习环境。他们更关心能够迅速提高学习效率的方法，却忽视了环境的营造。

在外部环境不佳的状态下，一个人很难进入最佳学习状态。在《天才枪手》这部影片中有两位超级学霸，他们拥有极强的记忆能力，然而当他们处于紧张、嘈杂的环境下时，记忆力也会受到很大程度的影响，更不要说普通人了。因此，孩子在学习时，应选择一个安全、整洁、舒适的环境，并借助深呼吸让自己处于放松和专注状态，然后才能逐渐进入最佳学习状态。

另外也有研究表明，室温会影响学习能力——当室温处于 22 ~ 27℃时，可以优化孩子的学习能力。

此外，环境会影响心情，而心情的好坏直接决定了学习效率的高低。换位思考就能明白，作为父母，如果你们每天处于嘈杂的环境下，如何更好地思考？

良好的学习环境，分为静态环境与动态环境。所谓静态环境，指的是家庭中舒适、安静的环境，这是最基础的保障。当孩子学习时，父母要保持安静，关掉电视，手机最好也要静音。有条件的家庭，可以让孩子在书房学习。

对于孩子来说，要学会保持学习区域的清洁，这样才会有一个好心情，更易快速进入学习状态。试想一下，如果你的书桌乱七八糟，怎么有心情开始学习呢？

快速清理书桌的技巧		
1	拿走暂时不用的文具	暂时不用的文具，如果摆放在桌子上会显得非常零乱，所以要进行有效收纳。
2	个人物品统一收纳	很多孩子习惯将个人物品摆放在桌子上，方便使用，但是学习的时候，就要将它们统一收纳，一切与学习无关的东西都收起来。
3	把电子产品藏起来	电子产品是最容易让孩子分心的，如果摆在桌子上，孩子顺手就会摆弄一阵子，所以要关掉电子产品，然后放在柜子里。
4	根据使用频率整理书桌	经常用到的文具，放在手边，如铅笔。不常用的文具，放远一点，如只有做数学题时才会用到的尺子。
5	准备必要的清理工具	如纸巾、抹布之类，如果水洒了，拿起抹布就可以擦拭，不至于浪费时间或者弄湿书本。
6	学习用书分类收纳	例如，与数学相关的书本放在第一个抽屉，与英语相关的书本放在第二个抽屉，如果记不住，还可以在抽屉上贴标签，这样可以最大程度提高效率，减少寻找的时间。
7	绿植	在书桌上放一盆绿植，能够有效提升你的心情指数。

以上讲的都是静态环境，还有动态环境的营造。动态环境指的是竞争性的学习环境。与优秀的人在一起，我们会得到全面的提升，孩子也能收获同样的效果。当其他孩子都在学习的时候，贪玩的孩子也会产生学习欲望，从而认真学习。

　　当别人都在学习的时候，如果只有你在玩手机，你就会产生焦虑心理，并主动加入学习的行列。

　　这就是动态环境，父母要让孩子多与学习效率高的学生相处，这样就会进一步强化他们的学习动力。

神奇的 7 ± 2 效应

往盆子里掷豆子时，如果掷上 3 个或 4 个，我从来没有数错过；如果是 5 个，就可能出错；如果是 10 个，判断的准确率为一半；如果豆子数达到 15 个，我几乎每次都数错。

——英国经济学家和逻辑学家威廉·杰沃斯

神奇的 7 ± 2 效应，指的是一种短时记忆方法。短时记忆是指信息一次呈现后，保持在一分钟以内的记忆。普通人短时记忆的广度平均值为 7 ± 2 个。研究表明，记忆广度和记忆材料的性质有关。如果呈现的材料是无关联的数字、字母、单词或无意义音节，短时记忆广度为 7 ± 2 个；如果呈现的是有意义、有关联并为人所熟悉的材料，记忆广度则可增加。

日常生活中，我们在拨打电话时会发现，8 位数的座机号码很好记，但是 11 位数的手机号码就不那么容易记了。

为什么只多了 3 位数字，我们就记不住了呢？

19 世纪中叶，爱尔兰哲学家威廉·汉密尔顿通过观察发现，如果将一把弹珠撒在地板上，人们很难一下子看到超过 7 个弹珠。

1887 年，M.H. 雅各布斯通过实验发现，对于无序的数字，受试者能够回忆出的数字最大数量约为 7 个。而发现遗忘曲线的艾宾浩斯也发现，人们一次能记住大概 7 个字母。

之后，很多心理学家做过类似实验，采用字母、音节、字词等各种不同材料，所得结果几乎都是"7"。也就是说，人们短时记忆的容量为"7"个单位信息。

1956 年，美国心理学家米勒教授发表了一篇重要的论文——《神奇的数字 7 ± 2：我们加工信息能力的某些限制》，明确提出短时记忆的容量为 7 ± 2，即一般为 7，并在 5 ～ 9 波动。

也就是说，记忆力好的人能够记住 9 个单位信息，记忆力差的人也能够记住 5 个单位信息。

这就是神奇的"7 ± 2 效应"。有些孩子抱怨自己记忆力差，认为自己的脑子笨，不如别人，实际上只不过是没有用对方法。

我们做一个测试，下面是一排随机数字：

93098475147

读完之后合上书，按照顺序背诵一遍，你的记忆范围应该在 5 ～ 9 个。我们这一节的内容，就是要通过一些记忆方法，确保你可以记住 5 个以上的单位信息，最佳效果则是记住 9 个单位信息。

心理学研究证明，只要大脑没有受过损伤，70% 的人都可以记住 5 ～ 9 个数字。因此，记忆力不好的孩子也不必着急，只要采取正确的方法，就可以提高自己的记忆能力。

「间隔重复法」

间隔重复法可以让临时记忆转化为长期记忆，如果你想记住一些学习内容，就要每隔一段时间进行一次回顾，重复记忆，否则很快就会被新的记忆内容冲淡甚至忘得一干二净。

一般来说，对于某一项重要内容，需要重复几天，如每天晚上看一遍。随着记忆加深，适当延长间隔时间，如每隔两天看一遍，检验自己是否还能记起来。

此外，通过手写的方式能够有效加深记忆力，所以当你做数学题、背单词时，拿起笔，在纸上写下来，这样做可以加深记忆。

速读练习：人人都能一目十行

很多成功人士都非常重视阅读习惯，而几乎所有成功者都擅长速读，如沃伦·巴菲特，他每天要阅读数百页信息。

普通人的平均阅读速度为每分钟 200～400 个英文单词。而专业级的速读者每分钟可读 1000～1700 个单词。粗算一下，200 和 1000，这就是 5 倍的差距，普通人与精英就是在这些细节方面逐步拉开差距的。

如今，阅读的重要性已经深入人心，一些高知父母对孩子在阅读方面的教育非常重视，因为他们深知阅读的重要性。阅读可以改变孩子的一生，而市场上的图书种类那么多，怎样才能让孩子在短时间内阅览、记忆更多内容呢？

这就需要学习速读的方法。科学研究表明，右脑主要负责对图形、图像进行记忆和加工，而左脑主要负责处理诸如逻辑、数字、文字等非形象化的信息。人们在进行传统阅读时，主要使用左脑的功能，而在采用速读方式阅读时，则充分调动了左右脑的功能，左右脑各自发挥优势，共同进行文字信息的形象辨识、意义记忆和理解，所以"速读"也被称为"全脑速读"。

对于学生来说，课外阅读并不是当前最重要的任务，提高学习效率才是当务之急。那么，练习速读又有什么意义呢？

提高记忆能力！

传统阅读方式属于点式阅读，大脑对信息的反应，受制于目光移动的速度。快速阅读法则属于线式阅读，目光聚焦于整行的文字，眼球接收文字信号的速度提升 10 倍以上，达到与大脑的思维速度同步。

传统阅读模式图：

眼睛 — 视觉中枢 — 语言中枢 — 听觉中枢 — 理解记忆

快速阅读模式图：

眼睛 — 视觉中枢 — 理解记忆

快速阅读并不是单纯追求速度，而是以理解为前提，重点不是看了多少内容，而是记住多少内容。对于孩子来说，长期进行速读练习能够有效增强记忆力，并为将来大量阅读打下坚实的基础。

精通速读法的孩子可以将阅读速度提升 10 倍以上，余下的时间则可以用来加深理解和巩固知识，从而提高学习效率。

很多发达国家已经将速读作为儿童基础教育的重要组成部分，由此可见其重要性。下面介绍速读的基础操作方法：

▶ 扩大视野

在阅读过程中逐步扩大视线，从一行到几行，甚至扩展到整页，在这个过程中，就会达到"一目十行"的效果，阅读速度与记忆能力都会得到提升。

▶ 逐步提升文字阅读量

每一次阅读都增加字词的数量，每一段中的字词越多，阅读的速度越快。

▶ 减少阅读时间

一边增加阅读字词的数量，一边减少阅读耗费的时间，从而起到提高速度的作用。

▶ 克服音读

在阅读过程中练习默念的方式，毕竟读出声音会耗费一定的时间，而默念的速度会更快。

▶ 从故事入手，加快眼睛在文字上的跳跃速度

对于孩子来说，可以选择小说或故事性的内容进行速读练习，因为这类内容没必要读得很细致，但是一定要理解内容。

▶ 减少目光回移次数

我们在阅读过程中，有时候读完一句话后，会下意识目光回移，再看一遍这句话，这就在无形中耗费了时间。为了减少回移次数，可以用手指、铅笔等作为指示物，用来跟踪阅读位置，目光跟随指示物的尖端移动，这样练习，就不会导致目光回移从而浪费时间了。

「宏观预览」

　　在开始阅读之前，宏观预览可以更好地提升阅读效率，尤其是内容中涉及数学公式或科学概念时。你需要重点浏览小节标题、总结内容、加粗的重点字、各种公式、表格等。预览并不会占用过多时间，熟练之后可能只需要 1 ~ 2 分钟，这是为快速阅读、深度阅读做铺垫，能有效增强你的记忆能力，同时让你更好地理解阅览内容。

手写笔记：加深记忆的有效方式

随着电子产品的普及，很多学生已经习惯了使用手机 APP、计算机软件进行记录，这些方法的确更为高效，但是对于增强记忆力来说，手写依然是最好的方式。

科学研究证实，与使用计算机打字的方式记笔记的学生比起来，手写笔记的学生效率往往更好。父母要让孩子认识到这一点：手写笔记虽然耗费了更多时间，但是能够增强记忆力。除此之外，表达性写作还可以起到减压的作用。

针对手写笔记增强记忆力的相关研究有很多。在一次实验中，科研人员组织学生观看一场 TED 讲座，他们将这些学生分为两组，第一组同学用手写记录，第二组同学用计算机记录。

观看讲座之后，又进行了 30 分钟左右的其他活动。之后，研究人员向两组学生提问，包括事实性问题以及概念性问题。

结果显示，在事实性问题上，两组学生表现相当。然而，在概念性问题上，第一组（手写组）得分要远远超过第二组（计算机组）。

在这项实验的基础之上，研究人员将实验进行延伸，又进行了两组实验。在一组实验中，研究人员指导学生如何更好地用计算机做记录，然而结果显示，他们对概念性知识的理解程度仍然低于手写组。

另一组延伸实验，是在讲座结束 7 天之后进行的，学生可以在测验前重读一遍笔记内容。结果依旧没有发生变化，手写组的效果更好。有趣的是，如果不允许重读笔记，两组的成绩则一样。

既然我们已经明白了手写笔记对记忆力的作用，那么如何让孩子喜欢上这种记录方式呢？毕竟他们正是对电子产品着迷的年龄，更愿意使用手机、计算机进行记录。

其实并不难，除了告诉孩子手写记录的作用之外，为他们选一款精美的笔记本就行了。当孩子收到一款精致的礼物时，会在短时间内产生兴趣，这时就是最好的时机，让他们尝试进行手写记录，从而逐渐养成习惯。另外，当孩子通过手写记录受益之后，就会主动选择这种方式。

需要注意的是，在选择笔记本时，要考虑到孩子的喜好。例如，孩子喜欢变形金刚，那么可以选择相关图案的笔记本，这样可以激发他们的收藏欲望，增加他们手写笔记的概率。

说到笔记本，就一定要介绍一些笔记法，这些方法可以帮孩子提高学习效率。由于篇幅限制，我只介绍几种经典的笔记法。

▶ 康奈尔笔记法

也称为 5R 笔记法，即将笔记本分为【主栏】跟【副栏】两部分，右侧的主栏主要记具体内容，左侧的副栏通常列提纲。此外，还可以加上第三栏，就是在页面最下方设计出【总结栏】。

康奈尔笔记法的五个步骤：

1.记录（Record）。在听讲或阅读过程中，将重点内容记录在主栏（右栏）。

2.简化（Reduce）。闲时及时将记录内容简化，写在副栏（左栏），作为提纲，也称为回忆栏；

3.背诵（Recite）。把主栏遮住，只看副栏的摘要提示，尽量叙述主栏记录的内容。

4.思考（Reflect）。通过对主栏内容的理解，总结出对自己有用的内容，比如，之前讲到的，涉及自身的【与我相关】【我的目标】版块，将这些内容放在总结栏。

5.复习（Review）。每周花 10 分钟左右时间，快速复习笔记，通过副栏的摘要，回忆出主栏的具体内容。

笔记	
提纲	要点
数学难题 看图写话 英语语法	•解决代数问题 •寻找看图写话素材 •提高语言表达与理解能力 •向老师询问语法难点
总结：重点解决学习中的难点，准备迎接期末考试	

▶ 关键词笔记法

关键词笔记法，指的是通过记录关键词回顾之前记录内容的方式。在笔记本上划分出两个区域，在页面的右侧约 ¼ 处画一条直线，加粗。左边是【笔记区】，用来做笔记；右边是【关键词区】，从【笔记区】挑选出关键词写进右侧。如下图：

笔记区	关键词区
提纲	要点
"开阔视野，冲破艰险，看见世界，身临其境，贴近彼此，感受生活，这就是生活的目的。" ——《白日梦想家》	生活的目标

记录完毕之后，通过筛选出来的关键词回忆具体记录内容，这个过程可以有效锻炼记忆能力。

「增强记录兴致与记忆力的小妙招 →

▶ 涂鸦

研究表明，在纸上随意涂鸦有助于集中注意力。所以，平时多鼓励孩子涂涂写写，不仅可以提高其兴致，还可以提升其专注度。

▶ 养成记录待办事项的习惯

记录待办事项，可以为你的记忆力带来额外的好处，当你需要将复习任务写在本子上的时候，势必会进行思考，这个过程就是在锻炼记忆能力。

▶ 写日记

很多学生都喜欢写日记，记录一天当中发生的事情，其实，回忆也是一个锻炼记忆力的过程。

▶ 列出几天前发生的 3 件小事

对于一些生活琐事，我们往往记不清楚，当天的还好说，如果是几天前的事情就可能记不清了。例如，昨天早餐吃了什么，你可能一时想不起来。

列举几天前发生的事情，就是一个强化记忆的过程。具体训练方法：

每天早上醒来之后，回忆几天前发生的 3 件小事；同样，每天临睡之前，再次使用这个方法。随着记忆加深，还可以加大训练难度，比如，回忆前一天的 1 件事，回忆前两天的 1 件事，回忆前三天的 1 件事。

为了巩固记忆，将回忆的事情记录下来，手写是一个加深记忆的过程。

大脑重启：如何将大脑调整到最佳状态?

当大脑处于最佳状态时，才能保证最优学习效率，这就要了解大脑的三种状态——空、凝、悦。

▶ **空**：无悲无喜，无忧无恼，平静自在。当大脑处于"空"的状态下时，人的思绪平和，内心安静，这时往往是创新的开始、灵感的源泉，此刻最适合思考一些复杂的问题。

▶ **凝**：聚精会神，心无旁骛，忘我思考中。这时意志力处于旺盛阶段，适合处理比较耗时的任务。

▶ **悦**：这是一种平和的喜悦状态，面对问题十分自信，是一种势在必得的心理状态。当经历过前两个阶段之后，达到"悦"之境时，也就是最佳行动时刻了。

经过调整，大脑已经处于最佳状态，这时最适合进行考试，能够保证取得最优成绩。

日本研究人员认为：人脑以 α 波为主时，大脑的潜意识大门打开，大脑可以抓住潜意识所储存的各种信息，使之上升到意识中来，产生各种"神机妙算"。在这种状态下，人们能够全神贯注，充分发挥聪明才智，应激能力相对增强。对于孩子学习来说，α

波就属于大脑最佳状态。

美国学者凯文·保罗认为："这对试图集中注意力的人来说，不是最佳状态。"也就是说，虽然大多数学生学习时都处于这种状态，但这并非最佳状态，完全可以进一步改善。

美国快速学习先驱泰丽·怀勒·韦伯认为，在 α 波状态下，大脑会拥有非凡的记忆力、极高的专注度以及非比寻常的创造力。

让孩子达到这种状态其实并不难，只要找到适合孩子的放松方法就可以了。

◯ 具体方法

下面推荐一些快速放松的方法，可以让孩子自己选择最适合自己的方法。

1. 冥想或祈祷；

2. 按摩，放松身体；

3. 外出散步、慢跑，或者选择一些自己喜欢的其他运动，比如，打一会儿篮球；

4. 找一个环境优美的地方，安静地听一会儿喜欢的音乐；

5. 看看课外书、弹琴、画画，都是可以让自己安静的放松方式；

6. 找地方小睡一会儿，能够迅速恢复精力。

每个人的放松方式不同，适合的才是最有效的，让孩子根据个人喜好决定。

「将大脑调整到最佳状态」 →

当大脑处于最佳状态时，才能保证最优学习效率。

研究证明，孩子的大脑活动与学习效率之间存在着一定关系。大脑不断产生脑电波，而脑电波至少有四个重要的波段，即 α、β、θ 和 δ 波。在不同的波段，学习效果是不一样的，其中最重要的就是 α 波和 β 波。

α 波（阿尔法脑电波）是当你的大脑完全清醒并处于一种极度放松状态时的脑电波。

β 波（贝塔脑电波）是人们处于清醒状态下的脑电波，大部分醒着的时间里人们都处于这一状态。

θ 波则是人在睡眠初期的脑电波。

δ 波是成年人在极度疲劳和昏睡状态下会出现的波段。

以此，我们可以判断大脑的最佳状态为 α 波，在这种状态下学习会取得最佳效果。

科学用脑：掌握用脑的最佳时间

为了保证学习效果，孩子不仅要将大脑调整到最佳状态，还要清楚最佳用脑时间，因为这个阶段脑细胞处于高度兴奋状态，大脑接收信息、整理信息、贮存信息以及输出信息的效率比其他时间段都高。

在此阶段进行学习，效果会比平时更好。每个人的大脑节律不同，生物钟的类型不同，一般来说，人类最佳用脑时间可分三类：

▶ 猫头鹰型

这么叫是因为猫头鹰属于夜行动物，夜里的精神状态最好。很多优秀的写作者都是这种类型，他们的大脑在晚上最兴奋，思路最广阔，只不过比较消耗身体。

▶ 百灵鸟型

人们用百灵鸟形容早起的人，这类人在清晨的思维最活跃。美国得克萨斯大学一项研究发现，"百灵鸟型"学生生活更规律，准时上课，学习更主动，且没有熬夜带来的健康问题。

▶ 混合型

绝大多数人都属于这一型，是前两者的混合。这类人一天中用脑效率差不多，其中有几次高峰时段的效率更好一些。

父母要帮助孩子正确认识自己，根据上述类型对号入座。除此之外，还应该了解一天中 3 个最高效的时间段，这是在上述三种类型的基础上进行细分，例如，"百灵鸟型"的孩子，知道自己在早上的状态最好，那么，哪个时间段大脑最兴奋呢？

我们知道，对于成年人来说，一天中大脑高效运转的时间一般在 8 ~ 10 个小时，超过了这个时间学习效率就会大打折扣。因此，了解用脑的时间段非常重要。

1. 清晨 6 ~ 7 时。对于"百灵鸟型"的人来说，早晨 6 ~ 7 点属于大脑最兴奋的阶段。此时大脑经过一夜的休息已经"充满了电"，这时的记忆力最好，因此这个时间段可以用来完成一些背诵之类的学习任务。

2. 上午 8 ~ 10 时。此时人们的精力达到旺盛阶段，对各种信息的处理能力增强，记忆力也在增强。这时大脑表现出较快速的反应能力，分析和判断能力都在增强，适合学习数学等逻辑性较强的科目。

3. 晚上 6 ~ 8 时。大脑在长期进化过程中形成了节律性，所以人们在睡眠之前会出现一段超常的兴奋时间。我们应当充分利用这段时间，尤其是"猫头鹰型"的人，他们总是等到更晚的时候再开始学习、工作，却忽视了这段宝贵的时间。

「科学用脑」

▶ 持续用脑两小时要休息

人脑在白天的活动周期与夜间睡眠周期相似，基本上是两个小时一个起伏，所以为了保持最佳学习状态，建议持续用脑 1 ～ 2 小时就休息一下。

▶ 保证充足睡眠

努力也要讲究方法，不要熬夜读书，这样不科学，对身体不好，唯有保证充足的睡眠，第二天才能集中精力，从而保证学习效率。

▶ 早餐很关键

很多成年人养成了不吃早餐的习惯，不要把这种习惯传给孩子，早餐吃不好，一早上都没有精力，大脑所需养分供给不足，根本不可能保持高效思考。

▶ 动静结合

静坐过久，会使大脑血液和氧气供应不足，所以学习一段时间之后，就要起身活动一下。运动可以加快血液循环，提高用脑效率。

▶ 合理补充营养

用脑是非常消耗能量的，用脑超过一定的时间，就会感到饥饿，这时就需要及时补充营养。

番茄工作法：学习效率轻松翻倍

先用一个故事增强代入感：

> 安东尼是一名中学生，父母工作很忙，没时间陪伴他。每天晚上安东尼都会复习功课，但是效率并不高，因为时间都被浪费掉了，而且他自己一点儿没有察觉。
>
> 这天，安东尼准备吃完晚饭之后复习功课，结果饭菜很好吃，吃多了，于是想要看电视休息一会儿再复习。没想到，电视里正在播他喜欢的节目，一播就是两集，结果浪费了1个小时。
>
> 时间到了晚上8点，安东尼开始看书，看了不到10分钟，同学乔打来电话，两个人闲聊又耗费了30分钟。乔跟安东尼住在同一个小区，他让安东尼过来一块复习功课，于是安东尼挂了电话，拿上书包就过去了。
>
> 在过去的路上，邻居大叔正在玩篮球，看到安东尼就喊他过来一起玩，结果安东尼扔下书包就跟着一块玩。就这样又过去了30分钟，时间到了晚上9点。

打完球出了一身汗，安东尼想先回去冲洗一下，洗完之后就躺在床上玩手机。结果，玩着玩着就困了，于是直接钻被窝睡觉了。

安东尼的问题在于缺少专注力，总是被各种琐事分心，很多成年人也存在这样的问题，只是这种问题在孩子身上表现得尤为明显，而时间都是在这样无意识的状态下被浪费掉的。

专注度决定了每个人的工作效率，决定了你是否能够成为高效能人士。数据显示，在工作中，人们平均每3分钟就会被打扰一次，而重新返回工作的成本巨大——平均需要花23分钟。

也就是说，1小时之内，实际工作时间只有20分钟，假设一天工作8小时，那么被浪费掉的时间就有320分钟，合计5.3小时。实际上，一天中高效工作时间只有2.7小时。

这是成人的数据，而孩子的专注度更差，如此看来，其学习效率低下也就不难理解了。

番茄工作法是一种很有效的时间管理方法，可以有效避免分心的情况，尤其适合专注度较差的孩子们。

我们再来简单说一下番茄工作法的原则与流程：

▶ **番茄工作法原则**

1. 番茄钟不可分割，25分钟为固定时间，不存在半个番茄钟的说法。当然也会有例外，有些人注意力只能集中15分钟，那么可以根据自己的情况调整。

2. 一个番茄时间内一旦处理了与任务无关的事情，则宣告该番茄钟作废。

3. 番茄工作法只适用于学习或工作。

4. 番茄数据不适合横向比较，毕竟每个人的效率不同，比较会影响情绪，进而降低效率。

5. 番茄钟的数量与任务最终成败没有直接关系。

6. 制作适合自己的作息时间表。

▶ 番茄工作法的流程

1. 将一天需要完成的任务写在本子上。

2. 设定番茄钟，时间设定为 25 分钟。可选用闹钟、手机闹铃等。

3. 开始学习任务，直到 25 分钟后第一个番茄钟到时。

4. 如果任务完成，在该项任务后用√表示；如果任务未完成，在该项任务后用 × 表示。

5. 休息 3 ~ 5 分钟，抓紧时间进行放松调整。

6. 开始第二个番茄钟，继续该任务。一直循环下去，直到任务完成，并在列表里将其划掉。

7. 每 4 个番茄钟后，休息 25 分钟。为了让大脑保持高效运转，充分的休息时间很重要。

Tips

在番茄钟进行过程中，对于突发事件的处理办法：

1. 紧急事件，结束番茄钟并宣告失效，即便马上完成也不必可惜，立刻处理紧急事件，之后再重新开始一个番茄钟；

2.非紧急事件，在列表里该项任务后面标记一个逗号（表示打扰），并将这件事记在另一个列表里，命名为"突发事件"，然后接着完成这个番茄钟。

「保持专注的小技巧」

▶ 记录分心因素的时间开销

可以利用笔记本或相关 APP，把每天导致分心的事件记录下来，并统计自己在各项分心事项上所花费的时间，经常总结加深印象，然后做出相应改变。

▶ 分解学习任务，降低完成难度

将重要的学习任务分解为若干项，逐项完成，每完成一项顺手划掉，这样做更容易获得满足感，降低任务难度，继而提高学习兴趣。毕竟，如果学习任务难度过大，很容易因为困难造成分心的情况。

▶ 学会拒绝

很多时候造成我们分心的不是自己，而是他人。别人的邀约、求助等，都容易造成我们注意力分散的情况，这时就要学会拒绝，例如，上面案例中的安东尼，如果当乔打来电话时他能够拒绝对方，就不会浪费这么多宝贵的时间。

▶ 适当放松，预留出走神时间

谁也不可能一直保持高效专注，要学会自我放松，留出一定的走神时间，这就是为什么 25 分钟的番茄钟结束之后，都要设定休息时间。

游戏时间

扑克游戏

扑克游戏训练的是数学思维，经常玩一玩，有助于培养孩子对数学的兴趣。

○ **游戏玩法**

扑克游戏主要有几种玩法：

▶ **排序**

针对年龄较小的孩子，可以使用一种花色的牌排序，例如，让孩子从一副扑克牌中，挑出几张顺序一样且花色一致的，如黑桃10 ～黑桃 A。

一共可以挑出 4 组，黑桃、红桃、方块、梅花。

对稍大一点的孩子，则可以使用四种花色排序，如红桃 A，黑桃 2，梅花 3，方块 4，再到红桃 5，黑桃 6……

▶ **接龙**

扑克接龙适合 2 ～ 4 个人玩，可以锻炼孩子的思维能力以及与人沟通能力，因为游戏过程中需要向其他人借牌。

平均分牌，然后从 7 开始出牌，可按"7、6、5、4……"顺序接龙，也可"按 7、8、9、10……"顺序接龙。 手上没有合适的可接龙的牌时，只能找别人借。 谁的牌最先出完，谁就算赢。

▶ **24 点**

任意抽取 4 张牌，用加、减、乘、除的计算方法把牌面上的数凑成 24。 每张牌必须且只能用一次。 例如，抽出的牌是 3、8、8、9，那么算式为（9 － 8）× 8 × 3=24。

⭕ **训练目的**

通过扑克游戏，可以培养孩子对数学的兴趣，提升其数学思维能力。

玩具总动员

这个游戏的目的是锻炼孩子的记忆能力，如今的孩子都有不少玩具，通过这个游戏不仅可以帮助孩子锻炼记忆能力，还能养成其分类收纳的习惯。

游戏玩法

游戏很简单，让孩子给所有玩具编号并贴上数字标签，例如，小汽车都以"1"字开头，1.1 代表福特车，1.2 代表本田车，以此类推。

然后父母准备好相应卡片，当拿出某一张卡片时，要求孩子尽快找到相应的玩具。如 3.3（毛绒玩具熊），孩子看到编号之后，就会想起具体的玩具以及它们的放置位置。同时，这也是一个锻炼记忆力与收纳能力的过程。

训练目的

在训练过程中，孩子们的记忆能力得到了巩固，同时还会养成收纳整理的习惯。

找数字

这个游戏可以锻炼孩子的注意力、记忆力以及计算能力。

● **游戏玩法**

父母随意写出一段数字，例如：

4875578268681440826810374 82685

之后让孩子快速将数字"8"找出来并做出标记，比如，在数字下面画线，然后将所有数字"8"加起来，得出总数。

4875578268681440826810374 82685

数字"8"一共有 8 个，那就是 8 × 8=64。

按照上述方法，将所有重复数字都找出来，比如，一共有几个"7"，几个"6"……以此类推，最后计算出一个总数。

● **训练目的**

该游戏可以有效锻炼孩子的注意力，由于小孩子很难保持长时间的高度专注，所以可以先从简单的数字入手，逐渐加大难度。

复述数字

这个游戏的目的是通过复述数字的方式，锻炼孩子的记忆力。

○ 游戏玩法

家长说一组数字，如"354"，让孩子复述一遍，然后以此类推，看看孩子能记住几位数。

可以用电话号码进行练习，例如：

"136"

"1363"

"13634"

"136342"

"1363421"

"13634210"

"136342109"

······

○ 训练目的

该游戏，既可以锻炼孩子记忆力，又可以培养其专注力。

敌情侦察

这个游戏适合男孩子，因为他们天生对军事作战这类游戏感兴趣，父母可以激发孩子这方面的兴趣，将记忆力训练融入其中。

哈佛大学的心理学家杰罗姆·卡根曾表示，一些情景游戏可以提高孩子做事情的兴趣，还可以加快孩子做事的速度。

毕竟，对于感兴趣的事情，孩子都会表现出很高的积极性，效率也会提高。

⭕ **游戏玩法**

在这个敌情侦查的游戏中，需要进行角色分工，比如，妈妈是发号施令的人，爸爸可以饰演敌人，而孩子就是侦察兵。

父母要对孩子进行讲解，要有代入感，所以要设置一些情节。例如，特种部队要进行一项营救任务，指挥官派出一组精英部队接近敌方据点。在下令攻击之前，要了解对方的军事部署，所以先派遣侦察兵查探敌情。

故事引入之后，父母要带着孩子一起搭建、设计敌方的军事设施，并告诉孩子每一样道具代表的是什么。例如，椅子代表岗哨，收纳箱代表堡垒，毛绒玩具代表敌人，等等。

将道具摆放在不同的位置，然后派出侦察兵，孩子每次结束侦查之后，指挥官就问他们具体情况，最好让他们将敌方设施——列出来。

⭕ **训练目的**

父母可以逐渐增加游戏难度，根据孩子的记忆能力，增加各种道具，这个过程可以有效强化孩子记忆力。

「本章知识点」

▶ 学习环境的重要性

学习环境对学习效率的影响经常被忽视，实际上一个整洁舒适的环境能够起到舒缓心情的作用，在某种程度上也能提高学习效率。

▶ 神奇的 7 ± 2 效应

这是一种短时记忆方法。短时记忆是指信息一次呈现后，保持在一分钟以内的记忆。普通人短时记忆的广度平均值为 7 ± 2 个。研究表明，记忆广度和记忆材料的性质有关。如果呈现的材料是无关联的数字、字母、单词或无意义音节，短时记忆广度为 7 ± 2 个；如果呈现的是有意义、有关联并为人所熟悉的材料，记忆广度则可增加。

▶ 间隔重复法

可以让临时记忆转化为长期记忆，如果你想记住一些学习内容，就要每隔一段时间进行一次回顾，重复记忆，否则掌握的知识很快就会被新记忆的内容冲淡甚至忘得一干二净。

▶ 速读训练

进行速读练习可以有效增强左右脑协同配合的能力，

一旦熟练掌握，就能轻松提升学习效率。

需要注意的是，在开始阅读之前，先进行宏观预览，尤其是内容中涉及数学公式或科学概念时。你需要重点浏览小节标题、总结内容、加粗的重点字、各种公式、表格等。预览并不会占用过多时间，熟练之后可能只需要 1 ~ 2 分钟，这是为快速阅读、深度阅读作铺垫，可以有效增强你的记忆能力，同时让你更好地理解阅览内容。

▶ 当大脑处于最佳状态时记忆力最好

为了确保学习效率最大化，要尽可能把大脑调整到最佳状态，因为这时大脑极度专注，记忆效果最好。

▶ 找到自己的高效时间段

每个人大脑节律不同，但都会有属于自己的高效时间段，可能是早上，也可能是晚上，在这段时间内学习效果最好。确定该时间段，然后用来学习最重要、最紧急的科目，这样学习效果最好。

▶ 保持专注的番茄工作法

该方法的核心就是在 25 分钟的番茄钟内，专注于某件事，因为研究证明，每个人的平均专注时间在 25 分钟之内。孩子意志力差，所以这个时间可以根据每个孩子的特点适当缩减，如设定为 15 分钟。

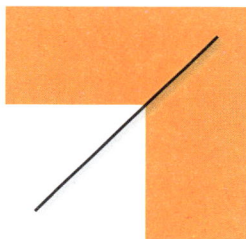

人人都能戒掉拖延症

教会孩子从小与时间做朋友

拖延症不仅会影响孩子的学习效率，还会对其生活造成影响，孩子一旦养成做事拖延的习惯，步入社会、开始工作之后也将受其影响。改变或者减少拖延的行为，孩子的学习效率将会大幅提升。

【测一测】你家的孩子做事拖延吗？

小朋友，你有拖延症吗？

我没有！

是吗？要不要测一测？

当面对这类问题时，很多孩子都很自信，但实际结果呢？完成下面的题目，他们就会明白自己是否有拖延症了。

1. 功课总是在睡觉之前才能完成：

A. 是　B. 否

2. 越到放学的时候越忙碌，发现还有很多问题不明白：

A. 是　B. 否

3. 没有制订学习计划的习惯，想起什么做什么：

A. 是　B. 否

4. 除非明天就要考试了，否则总是紧张不起来：

A. 是　B. 否

5. 学习环境乱，不喜欢清理卧室、写字桌：

A. 是　B. 否

6. 作业能拖就拖：

A. 是　B. 否

7. 习惯性分神，很容易被琐事打扰：

A. 是　B. 否

8. 做事缺乏信心，总认为自己做不好而导致拖延：

A. 是　B. 否

9. 总有事情让自己分心：

A. 是　B. 否

10. 学习欲望不强，知足常乐心态导致行动力低下：

A. 是　B. 否

11. 学习没有逻辑性，缺乏时间管理技巧：

A. 是　B. 否

12. 情绪化严重，不高兴的时候学习效率低：

A. 是　B. 否

13. 没有目标：

A. 是　B. 否

14. 意志力不强，遇到稍微困难的任务就无法坚持下去：

A. 是　B. 否

15. 习惯性将很难的功课放到最后：

A. 是　B. 否

Tips

以上测试只是一个小游戏，并不能作为严谨的评判标准。

○ **测试结果**

选择"是"得1分，选择"否"不得分。

0～4分：轻度拖延。恭喜你，你的拖延症在正常范围之内，要知道90%的孩子都存在不同程度的拖延行为，所以不用担心，继续保持下去。

5～11分：中度拖延。大部分孩子处于这个可控范围之内，不过想要进一步提升学习效率，就必须改变某些不好的学习习惯，找出导致拖延的原因。

12～15分：重度拖延。你必须做出改变，改变学习方法，提升学习效率，奋起直追。

孩子拖延迹象以及原因分析

孩子拖延是很普遍的事，许多孩子吃喝拉撒没有一件事痛快过，学习更是要命。甚至有些家长表示，自己的孩子连玩都开始磨蹭了，带他去公园，都能在家磨蹭一个小时才出门。所以，很多父母非常着急，也越来越重视孩子的这种情况。

于是，父母开始不厌其烦地给孩子讲道理、定规矩，甚至予以严厉的惩罚。然而，这么做通常收效甚微，这也急坏了家长。

实际上，面对 6 ～ 12 岁的孩子，家长说得越多，孩子可能听进去得越少。找不到孩子拖延的根源，所有说教都是在浪费彼此的时间。

导致孩子拖延的原因主要有以下几方面：

▶ 高期望带来畏难情绪

面对困难的任务，人们会本能地产生拖延行为，这一点我在《人人都有拖延症》一书中也分析过，对于孩子来说同样如此。

父母对孩子的期待过高，就会让他们产生压力，一旦觉得自己无法满足父母的期望，他们就会产生极大的失落感，有些孩子甚至会放弃。

例如，很多家长习惯用别人家的孩子做比较，"小敏这次数学又考了100分，你才得了95分，那5分是怎么回事？"

95分其实不低了，尤其是在小学高年级或初中阶段。父母在孩子的学习上应该更多地给予鼓励，而不是批评，这会让孩子感受到更大的动力，下次会争取考出更好的成绩。

所以，降低期望是解决拖延的方法。当然，如果是拥有较高期待的父母，还可以通过其他方式表达情绪，只要不给孩子造成过大压力就可以。

【相应对策】——奖励疗法

如果父母不愿意降低期望，那么可以使用奖励的方式，包括精神奖励与物质奖励。精神奖励指的就是积极的鼓励，物质奖励可以是送孩子喜欢的礼物、带孩子外出游玩等，最好不要直接用金钱作为奖励。

▶ 全面掌控消磨孩子的热情

父母的凡事包办，对孩子的全面掌控，是导致孩子拖延的另一个因素。试想一下，生活中所有事父母都代替了，甚至连剥鸡蛋壳这类事情都管，那么孩子怎么学习此类技能？等到需要独立动手的时候，他们自然不会做，因此造成拖延是很正常的事。

另外，父母的全面掌控，会让孩子形成被动的性格。换位思考，作为父母的你，如果你在公司的提案每一次都被否定，久而久之你也就不愿再提任何意见了，因为你失去了积极性。

【相应对策】——放手疗法

父母管得太多绝对不是一件好事，如果妈妈做不到，那就需要爸爸配合，逼着妈妈放手，然后观察效果。最开始孩子可能会遇到困难，但是孩子都具备很大潜能，困境会将潜能激发出来。让孩子自己解决问题，父母只提供方法，而绝不要代办。

▶ 为了吸引父母的注意

如果孩子一直表现不错，父母觉得没什么问题就只顾忙自己的事情，时间久了，孩子可能会耍一些小伎俩，比如，一直玩不去学习，拖延不写作业，这种情况可能并不是拖延症，而是孩子想让父母关心他们一下。

【相应对策】——适时关心

做到这一点并不难，平时多注意孩子，每隔一段时间关注一下他们即可。

▶ 缺少条理与计划

这也是很多孩子的通病，没有学习计划，做事毫无头绪，当孩子面对众多学习任务时就会束手无策，不知道该怎么做，于是索性不做，一直拖延。面对这类孩子，就需要父母帮忙，跟孩子一起制订学习计划。

【相应对策】——制订计划

前面已经讲过制订计划的重要性，父母要让孩子参与计划的制订，并让他们严格按照既定的时间完成任务。

▶ 没有时间观念

这类孩子还没有认识到时间的重要性，没有时间意识，所以无论学习还是玩耍都不着急。这就需要父母培养孩子的时间管理能力，让他们逐渐认识到时间的重要性。

【相应对策】——培养时间意识

通过故事、习惯、训练等方式，让孩子认识时间的重要性，训练他们的时间意识。

▶ 注意力差的孩子

这类孩子注意力差，很难长时间集中精力，而且很容易被琐事分心。这就需要父母根据他们的特点，采取不同的方式来加强孩子注意力，比如，孩子做事之前设定一个番茄钟，以此提高效率。

【相应对策】——番茄钟

一个番茄钟25分钟，在孩子做事时，通过设定番茄钟的方式，让他们集中精力。完成任务，给予奖励；没有完成，适当惩罚。

▶ 天生慢性子

有些孩子学习、做事都慢半拍，这是他们与生俱来的性格所致。天生慢性子，这种情况比较麻烦，对此，父母要学会降低期望值，接受他们的性格以及行为方式。此外，可以通过一些训练，加快他们的反应速度，提高他们的做事效率。

【相应对策】——比赛疗法

大部分孩子都具有好胜心，所以通过竞赛的方式可以有效减少孩子的磨蹭行为。不过，比赛的难度要合理，不要因为难度太大让孩子产生畏难情绪。

主要有三种比赛方式：第一，跟自己比赛；第二，跟别人比赛；第三，跟父母比赛。

「我们拖延的，都是我们不安的」 →

　　医学成像研究表明，恐惧数学的人会故意回避这一学科，只要一想到数学他们就感到烦恼、恐惧，当他们苦思冥想开始解题时，大脑中的痛觉中心就会被激活。

　　对什么事情感到恐惧、不安，就会导致拖延，这是人们逃避痛苦的本能。研究拖延症的专家丽塔·埃表示："对一项任务的恐惧会比这项任务本身消耗更多的时间和精力。"

　　实际上，令我们痛苦的只是预感本身，一旦开始行动，痛苦感将会降低甚至消失不见。比如，面对数学，你会发现除了最后几道题，大部分题目并没有那么困难，在解题的过程中痛苦感就会逐渐消失。

　　所以，我们的建议就是，勇敢面对你所恐惧的学科。例如，你不擅长数学，所以才会感到恐惧、厌恶，而一旦进行了大量练习，可以熟练解答多数题目之后，你就会变得游刃有余，从而克服恐惧感，减轻拖延行为。

专治赖床，闹钟设定的技巧

父母们对于孩子"再睡一会儿"的习惯早就见惯不怪，而大多数父母出于心疼孩子，也都会默认他们的请求，殊不知"再睡五分钟"的请求正是拖延症的前兆，如果默许孩子养成这样的习惯，看上去是心疼孩子，实际上对他们的成长极为不利。

对于很多成年人来说，早上起床尚且不是一件容易事，更不要说意志力还不成熟的孩子们。随着移动互联网的普及，网络世界的精彩纷呈让正处于求知欲最强烈阶段的孩子们晚上不想早早入睡，他们会想尽办法再多玩一会儿，这就导致睡眠时间无法保证，于是，早晨按时起床就成了问题。

从健康角度来看，"再睡一会儿"没有一点儿问题，闹铃响起之后，精神上有一个缓冲器，对于身心健康很有好处，如果闹铃一响就突然起来，反而对健康不利。可是，孩子们的"再睡一会儿"可不仅仅是五分钟，很多孩子会来一个"回笼觉"，如果不逼着他们起床，那上学百分之百要迟到。

　　明明今年上小学三年级了，起床问题一直没有解决，为此，妈妈给他上了"双保险"，手机、闹钟一个接着一个响。即便如此，明明还是习惯"再睡一会儿"。

　　周一的早上，手机铃声先响了，因为怕吓到自己，聪明的明明将手机铃声调成了很优美的曲子。他像往常一样，随手关掉手机闹铃，又翻身睡着了。

　　五分钟之后，闹钟再次响起，这回因为铃声比较刺耳，正在厨房忙碌的妈妈都听到了。她本以为明明准备起床洗漱了，谁知等了五分钟，房间里一点声音都没有。妈妈很无奈，她知道明明又赖床了。

　　"快点，起床了，上学该迟到了。"妈妈走过来叫醒明明。

　　明明迷迷糊糊没说话，翻了个身把屁股对着妈妈。

　　妈妈开始着急了，用手推明明，想把他摇醒。直到这时，明明的睡意才被渐渐赶走，开始有了反应。妈妈见状，认为明明已经醒了，语气缓和了许多："赶紧起来啊，早餐都快做好了。"

　　妈妈做好早餐，还没见明明出来，于是又回到他的房间。没想到，明明虽然穿好了衣服，却又倒在床上睡了起来……

　　书中讲到的案例绝不是个案，很多父母都遇到过类似情况，有些父母甚至会对孩子大声吼叫，被他们气得够呛。而孩子们习惯了父母的吼叫之后，还是会我行我素，让父母一点办法都没有。

对于孩子来说，他们没有养成时间观念，没有形成责任意识，认为"再睡一会儿"的请求很正常，即便上学迟到了又能怎样？

大多数父母的解决方法是不断催促，连哄带骗，似乎在求着他们上学，为了节省时间，甚至会帮他们穿衣叠被、挤牙膏。殊不知，在很大程度上，孩子的拖延恶习正是父母一手造就的。

孩子"再睡一会儿"的习惯，源于内心责任意识的缺失，自我管理能力差，认为迟到了没关系，再加上父母的纵容，让他们毫无纪律性。

对付赖床的孩子是需要技巧的，不过在此之前要分析孩子早上睡不醒的原因，见下表：

序号	原因	解决方法
1	**睡得太晚，睡眠时间不足** 随着都市生活的丰富多彩，过早入睡被认为"不可理解"，实际上，父母可以晚睡，但绝不能让孩子睡得太晚，儿童正处于长身体的时候，充足的睡眠是健康的保证。	a. 严格管理孩子作息时间，形成良好习惯。 b. 为孩子创造良好的睡眠氛围，避免一切干扰。 c. 睡觉前没收手机、iPad 这类电子产品。
2	**睡眠质量差** 如果睡眠质量无法得到保障，将会在很大程度上影响孩子身心健康。因此，父母要及时发现并帮助孩子解决这一问题。	a. 不良情绪导致睡眠不好。如果是情绪不佳所导致的睡眠问题，父母应该及时察觉，询问孩子原因并帮助孩子调整情绪。 b. 心理因素导致的睡眠不好。原因很可能是孩子的压力过大，父母要找出原因并帮助孩子减压。 c. 环境因素导致的睡眠不好。根据自身条件，尽可能为孩子创造良好的睡眠环境。

（续表）

序号	原因	解决方法
3	**习惯性赖床** 习惯性赖床的原因不在孩子,而在父母。当父母认识到这一点之后,一定要着手改变孩子的赖床习惯,帮助他们找到合适的方法。	a. 提前半小时起床。 b. 设定多次闹铃叫早。 c. 培养孩子责任意识。
4	**厌学** 孩子如果不喜欢上学,就会想尽办法赖床,父母要找到孩子厌学的具体原因。	a. 不适应环境:如果孩子对学校的环境不适应,就会出现不情愿上学而赖床的情况,这就要求父母帮他们尽可能适应学校的生活与环境。 b. 心理原因:孩子厌学的另一个原因,就是心理问题。比如,孩子因为被老师批评了,心理压力大,或者孩子在学校被别人欺负了,因此害怕上学,等等。出现类似问题,父母一定要及时查明原因并找出解决方法。

▶ 闹钟设定技巧

可以从前一天晚上开始设定闹铃,根据家庭作息时间进行设计,比如,可以这样安排:

19:30 第一次闹铃,洗澡;

20:00 第二次闹铃,上床听故事;

21:00 第三次闹铃,关灯睡觉。

第二天

6:45 第一次叫醒铃;

6:55 第二次闹铃,孩子已经醒盹,这是起床铃;

7:00 对于重度拖延症的小朋友，还可以设置第三遍、第四遍闹铃，由于快到上学的时间，所以闹铃间隔 5 分钟一次可以提醒他们赶快起床；

7:05 穿衣、洗漱铃，实际上也是起到再次督促的作用；

7:15 早饭铃；

7:30 出发铃。

推荐使用智能闹铃，让孩子自己选择喜欢的铃声。当孩子听到喜欢的音乐时，就会更有精神，马上起床。过了前期磨合阶段，要跟孩子商量闹铃的时间点，只要在合理范围之内，就让他们自己设计。孩子的习惯自己最清楚，找到适合自己的节奏最重要。

「以终为始期望法」 ➡➡

这是一种通过想象期望能够达到的状态，从而实现自我激励的方法。例如，你希望买一件期望已久的东西，父母表示如果你能改掉一些拖延的习惯，就帮你实现这个愿望。

通过心理暗示，你想象自己通过努力并有所进步，如愿得到了那件东西的样子。一旦看到希望，就会产生巨大的能量，从而开始行动起来，有效降低拖延行为。

每个孩子都需要一个时间沙漏

无论是学习还是做事，如果没有时间限制，孩子很容易出现磨蹭的表现，因为他们没有时间概念，不知道这件事需要多久完成，所以就会随心所欲，什么时候做完无所谓。

对于年龄小一些的孩子，时间沙漏是一个不错的工具，可以帮助他们建立时间观念。当孩子大一些的时候，就会形成时间意识，不必借助工具就可以在心中计算出所需时间，比如，洗手的时候，一般持续 15 秒就可以洗干净，那么从 1 数到 15，然后关掉水龙头就可以了。

时间沙漏是一种古老的倒计时工具，可以帮助年龄小的孩子形成时间意识，因为沙漏对孩子具备一定的吸引力，所以父母可以跟孩子一起制作一个简易的沙漏，这样有助于更好地培养孩子的兴趣。

孩子自己动手制作的东西，自然会更加珍惜，也就愿意进一步了解。父母可以借此机会对其进行时间观念的引导。

首先，跟孩子一起计算时间沙漏的耗时，也就是沙子从一边完全倒入另一边的时间，假设耗时 15 分钟。此时，这个时间沙漏就跟番茄钟的效果一样了。

之后，父母可以安排孩子进行学习任务，例如，测试一下孩子在 15 分钟之内可以完成哪些任务。

有些父母表示，让孩子看表不就行了，为什么还要用沙漏？因为年龄较小的孩子很难形成时间概念，对于钟表计时也没什么兴趣，而时间沙漏更像是一个玩具，尤其那是自己参与制作的，他们更愿意进行尝试。这个过程，就是一个代入的过程。孩子一旦产生兴趣，拖延程度就会降低。

父母要帮助孩子筛选出一些任务，选择那些 15 分钟之内可以完成的任务，可以是生活方面的，也可以是学习方面的。例如：

洗漱；

整理书包；

做 5 道数学题；

背诵 10 个单词；

……

通过这种练习，不仅可以增强孩子的时间意识，还能提升他们的效率，帮助他们有效减轻拖延行为。

建议父母多跟孩子一起，做一些不同时间的沙漏，例如，3 分钟的，5 分钟的，15 分钟的……然后整理出相应时间段内可以完成的任务，以此进行频繁练习。

「关注过程而非结果」

如果你只关注结果，比如，睡觉之前一定要记住30个单词，那么就会增加压力，引发痛苦感，从而加重拖延行为。你要把精力集中于学习英语这段过程中，顺其自然，学习效果就会好很多。

在学习过程中，有一个小技巧，就是标注进度法，例如，用符号标注你的进度。当你背诵完10个单词后，可以休息一会儿，在第10个单词旁边打上"√"，这种方法不但能让你知道进度，还可以让你看到终点。当终点触目可及时，你就会产生动力，加快速度。

一次只做一件事

容易分心这个问题在孩子们的身上表现得尤为明显。他们常常一会儿学习英语，一会儿做两道数学题，再跑过去玩一会儿手机。就这样，时间很快过去了，一件事都没有做好。

> 杨硕是一个性格开朗的小家伙，特别爱说话。他做作业的时候，不到 5 分钟就要找父母聊会儿天，几道简单的数学题都能拖两个小时，这可愁坏了他的妈妈。
>
> 小丫也有这种情况，每次家里有客人来，她都很高兴，放下手里的功课跑去端茶倒水，然后在一旁听大人聊天，完全忘记了做功课的事。
>
> 小熊第二天要考数学和英语，但是他感觉还有很多知识点没看，急得他一会儿看数学试卷，一会儿看英语试卷，结果忙了一晚上，却发现自己什么都没记住。

很多人在压力之下就会手忙脚乱，突然间感到待处理的任务一下子都窜出来了，不知道该忙什么。于是这件事做一点，那件事忙一阵，结果哪件事都没能完成，时间就这样被浪费掉了。

这样的案例非常多，分心是导致孩子效率低下、做事拖延的原因之一，改变这种情况的方法就是：一次只做一件事。父母可以给孩子讲这样一个故事：

> 一名叫杰特的士兵负责收发邮件。看似轻松的任务，实际上并不简单，他要整理战事过程中死伤者以及失踪者的名单。
>
> 在残酷的战争中，每天都会有大量的伤亡报告，可想而知杰特的工作量有多大。同时，他深知那些远在家乡的战士亲人正在焦急地等待消息，即便他们的亲人阵亡或失踪了，他也有责任第一时间告诉他们。
>
> 同时，杰特的任务必须十分谨慎，不能出现一点儿差错。在巨大的压力之下，杰特感到身心俱疲，他觉得自己根本忙不过来，虽然只是统计名单，但是既要整理失踪人员名单，又要统计伤亡人员名单，最后还要整理阵亡者名单。他感到分身乏术，越想做好压力越大。
>
> 他开始出现拖延现象，上级也注意到了这一情况，不断施压，杰特终于顶不住了，患了结肠痉挛症。
>
> 杰特身心俱疲，既担心完不成工作，又担心身体吃不消，无法撑到战争结束。他整个人越来越消瘦，最终让自己也成了一名"伤员"住进了医院。

医生检查之后，发现杰特身体并无大碍，于是询问了他一些具体情况。在详细了解之后，医生告诉杰特，他的身体并没有大碍，只不过是有些疲劳，关键问题出在了心理上。

医生并没有直接点出杰特的病因，而是举了一个例子：

"我们的生命就像一个沙漏，沙漏的上半部分有成千上万的沙粒等待穿过中间的那条细缝，然而通行速度缓慢。

"你有什么办法让它们快速通过吗？"

"打破它？"

"对，除此之外，我们别无他法。假设我们每个人都是一个沙漏，每天的工作就是这些沙粒，或许我们可以通过晃动稍稍加快沙粒的流动速度，但是最终这些任务还是要一件一件做，我们能够做的只是挑选出其中最重要的事情先做。

"我的意思你应该猜出来了，我知道当前是非常时期，每个人都很着急，但是事情必须一件一件来，否则精神就会承受不住。你的问题就是担心的事情太多，想要全部做好，结果压力太大扛不住了。仔细想想，实际上你是在浪费时间，你躺在这里的时候，能完成多少任务？

"不要焦虑，一次做好一件事，回去之后按我说的方法做，有时候按部就班恰恰可以提高效率。"

大多数成年人都不具备"多任务处理"的能力，更不用说孩子了，所以对他们来说，专注于一件事，才能让效率最大化，从而减少拖延行为。

▶ 父母要帮助孩子，明确自己想要什么

当孩子们明确了自己想要什么后，才能将全部精力专注于此，所以父母要帮助他们，找到最重要的那件事。

▶ 三种力量

明确任务并开始行动之后，孩子依旧会出现分心的现象，这时，个人意志力就会起到作用。前面已经提到过这三种力量：

我要做

我不要

我想要

分别以图片形式展示：

第一种

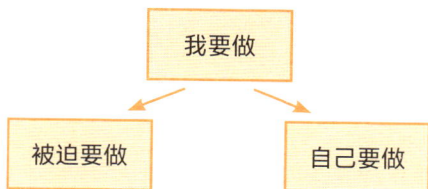

第二种

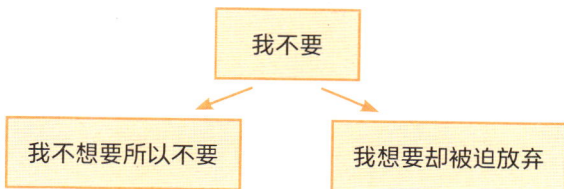

前两种态度的引申含义中都有第三种态度的影子，而自控力所关注的正是第三种态度，即"我想要"。

"我想要"，指的是我们要抓住内心的真正需求，并用强大的意志力去完成这个目标，不能被外力所阻碍。

也就是说，确定一个目标，充分调动意志力，完成"我想要"的需求。利用这种简单的方法，就能够"一次做好一件事"。

需要孩子注意的方面：

——通过训练增强意志力；

——一次只做一件事，确定最重要的任务；

——多任务处理看似高效，但是如果运用不好，实际效率很低，因为，如果频繁在每项任务之间切换，思维就会混乱；

——多任务处理容易增加压力，压力越大，拖延的时间越多；

——如果孩子的意志力不强，则强制排除外界干扰，例如，关掉手机，断开网络；

——利用番茄钟、时间沙漏等管理工具；

——学习过程中遇到的非紧急事项都放进待办事项，稍后处理；

——中途遇到特别紧急的事项则需要优先处理，但要标记清楚手头任务，以便稍后迅速回到学习状态；

——设置截止日期，一次做好一件事并不代表没有时间限制；

——每天留出专注时段，在这个时间段内做自己喜欢的事，并坚持练习。

「战胜拖延小恶魔」

　　每个人的脑子里都有一个拖延小恶魔，它会消耗你的意志力，让你很难集中精力。例如，当你的手机响了的时候，它会跑出来提醒你，"玩一会儿手机吧，没关系的"。自控力差的孩子就会成为小恶魔的奴隶，经常分心去做其他事情。

　　为了对抗拖延小恶魔，你需要进行自我控制的练习。设定番茄钟，定时学习25分钟，然后奖励自己玩几分钟。利用这项技巧，每次将要分心的时候，都可以将你重新拉回学习状态。

提早准备，将拖延概率降到最低

很多拖延行为都是因为没有计划造成的，前面已经讲过计划的重要性，所以，如果父母要帮助孩子改变拖延行为，就要跟他们强调，在执行任务之前，提早做好准备，这样就可以避免混乱无序的状态，从而更快速地行动起来。

优秀的学生都习惯事先做好准备，而那些缺乏经验的学生，总是想到什么做什么，相当于猎人背着空枪出门，待看到猎物时已经来不及了。

曾经有一个年轻的猎人，带着充足的弹药与一把空枪出去打猎，老猎手都劝他先把弹药装满，他却嘲笑人家，认为他们太磨叽。

年轻的猎手上路了，他确实在行动上领先了，而且走得也快。他认为，如果能先到达森林，没有其他竞争者，肯定会有更多的机会。令他没想到的是，他刚走出不久，就看到一群野鸭，要知道，平时野鸭是很少出现在这里的，今天的情况让他意想不到。匆忙之下，猎人赶紧装子弹，可是越着急越装不上，结果野鸭们一阵鸣叫后，都飞走了。

年轻人气急败坏，没想到运气这么差，他接着往森林深处走，认为有的是机会，更好的猎物还在后面。巧合的是，一声惊雷，天空下起了倾盆大雨，年轻人傻眼了，他知道今天的狩猎计划泡汤了。他一边往回走一边懊恼不已——如果出门前装好子弹，他至少可以带着几只野鸭回去。

年轻猎手的问题正是很多人都有的毛病——缺少事前计划，盲目行动。很多人不愿做计划的原因，第一是觉得没用，第二是懒得做。

这是很多孩子的通病，仅是这两点，就会造成很严重的拖延行为。

对于已经存在拖延行为的孩子，父母一定要让他们认识到提早准备的重要性，这样可以有效地降低拖延行为。不过，需要注意的是，拖延症严重的孩子，即便制订了计划，也很难执行下去，所以父母一定要予以监督。

苗苗是一位中学生，平时不喜欢运动，但是为了应付体测，特意制订了慢跑计划。她的计划很详细，每天早上跑两圈，晚上跑两圈。

> 最初的几天，虽然只能跑一圈走一圈，但是她勉强执行了计划。从第四天开始，她就开始寻找各种各样的借口，要么少跑一圈，要么索性不跑了。没过几天，苗苗的跑步计划就泡汤了。

看来，提前计划还不够，还需要父母进行有效监督，当孩子养成习惯之后，父母就可以逐渐放手了。

制订计划的相关注意事项：

▶ 二八效率法则

将 80% 的时间与精力，用来处理最重要、最紧急的 20% 任务。

▶ 要事第一

这是史蒂芬·柯维的理念，他认为要将时间用来做重要的事情。在做计划的时候，也可以遵循该原则。你不必把什么事情都写进计划，但是重要的事情必须要记录。

▶ 日程明细

制作日程明细时可以让孩子试着用手机 APP，这是一种趋势，而且孩子对手机的兴趣浓厚，这样有助于任务的顺利执行。

▶ 可行性

导致计划无法被顺利执行的很关键的一点，就是不可执行，任务太难，孩子没有能力实现，等于浪费了时间。所以，做计划之前，一定要想清楚，任务难度是否在孩子能力范围之内，可行性有多大。

▶ **时间限制**

每项任务都要有时间限制，例如，练习书法 30 分钟，阅读 30 分钟。没有时间限制，就会导致低效率，从而造成拖延。

「缩短学习任务的时间」

学习某一学科的时间越长，难度就越大，占用的意志力资源就越多，导致拖延的概率就越大。如果能够缩短学习任务的时间，往往会更加专注，学习效率也更高。这就需要使用目标分解法，将学习任务分解为若干个小项目。例如，完成一篇作文，根据经验需要 1 小时左右，当大脑关注结果时——1 小时，就会产生畏难情绪，从而导致拖延。这时可以分解任务，比如，20 分钟用来构思，10 分钟用来收集材料，30 分钟用来写作，这样就相当于缩减了学习任务的时间，降低了难度，拖延的概率也会因此降低。

预留时间，让提前完成任务成为一种习惯

对付拖延症，除了提早准备之外，还有一种方法，就是提前完成任务。例如，你计划用 30 分钟背诵 20 个英语单词，那么，将自己规定的时间提前 5 分钟，也就是要在 25 分钟之内完成任务。节省出来的 5 分钟，就是确保任务万无一失的预留时间。毕竟，有拖延症的人，可能会因为各种因素耽误自己的计划，而预留时间，更像是一种保险措施。

对于轻到中度拖延症患者来说，预留 5 分钟就够了，因为已经提早进行了准备，只要严格按照计划执行，就不需要预留太多时间。

起床提前 5 分钟；

上学早到 5 分钟；

学习任务提前 5 分钟完成；

……

短短 5 分钟，就会让你超越很多人。心理学家指出，提前 5 分钟，可以获得心理优势。例如，谈判时，你比对方提前 5 分钟到场，对方实际上并没有迟到，但是，因为来得比你晚，他们同样会感到内疚，这种愧疚感对你来说是十分有利的。

除此之外，提前 5 分钟到场，你有时间熟悉环境，做好准备，这就比对方占据了优势，在交谈过程中也会更加自信，从而占据主动权。

很多年前，那时银行员工还没有饱和，很多毕业的学生被分配到银行担任柜员工作，随着人数越来越多，银行已经不需要这么多人了。但是因为制度的关系，银行还是会到学校招人，只不过大部分人实习期结束之后，都不会被留下。

某商业银行有一个案例，他们招了 20 名实习生，最后只留下了一个人，这个人并没有什么特别之处。

为什么单独留下他？就因为态度。这个学生每天工作很积极，他有一个习惯，就是每天提前来到单位。

银行员工一般是 8 点到单位，开始准备工作，9 点正式开门营业。实习期的学生完全不必来这么早，因为他们除了收拾屋子，的确无事可做，每天也只是跟在老柜员旁边看，半年之后才能正式接柜。那个学生住的地方离单位很远，大约一个半小时的车程，主任曾经跟他说过，9 点钟到就可以，因为主任很清楚，这些孩子可能没人能留下来，毕竟现有人员已经很多了。可是这个学生每天都会提前来，做一些力所能及的事，就这样坚持了半年。实习期结束，不出所料，所有人都没能留下，只有他被破格录用。

> 银行柜员并不是一项多么复杂的工作，属于最基层的工作，但是在众多行业之中，薪水是比较高的。如今，当年的这个学生已经晋升为客户经理，年薪翻了一番。

提前 5 分钟是一种态度，更是一种习惯。预留时间由于压缩了计划用时，所以会从侧面提高你的效率，从而减少拖延行为。此外，预留时间还有一项作用，就是防止突发事件。

所谓突发事件，就是不在计划内的紧急事件，如果在制订计划之前没有预留时间，一旦出现紧急情况，势必造成计划拖延。

> 笑笑是一名初三的学生，在中考第一天，她就差点因为迟到被拒绝入场，而根源就是拖延症。笑笑知道自己的毛病，也做出了相应计划，甚至提前一天就去考场实地考察过，确认大概只需要 20 分钟路程。
>
> 考试当天，笑笑很早就起床开始准备，就怕因为自己的拖延症影响考试。因为路程较近，笑笑没有预留时间，认为只要按计划进行就没问题。然而，由于过度紧张，出门走了一半她才想起忘带准考证了，于是赶紧往回跑。
>
> 拿完准考证，笑笑看了看表，发现时间不多了，本来想走着去的，此时只能改变主意，打车去，这样 10 分钟就能到了。没想到，5 分钟过去了都没打到车，这下她开始着急了，根本没有预料到这种情况，于是一路小跑，冲向考场。

当她来到考场时，考试已经开始了，幸好她只迟到了 5 分钟，被允许进场。但是她已经被吓得不轻，以致影响了考试。

突发状况是始料不及的，再周密的计划也很难防止各种突发事件，所以不仅对有拖延习惯的人，对任何人来说，预留时间都是一种好习惯。

「隔绝干扰」

当其他技巧都不能起到很好的效果之后，最后一招就是隔绝干扰，这种办法简单易行，也很有效。例如，电子产品让你分心，那么你就把它们关了，如果还是惦记，就把它们交给父母保管，不仅隔绝了干扰，还可以让亲密的人对你进行监督。

如果嘈杂的环境让你无法进入学习状态，那么你就找一个没人的地方学习；如果光线太亮影响你午睡，那么就带上眼罩。

在其他技巧效果不佳的情况下，采用这种简单的方式，是最有效的一招。

游戏时间

时间银行

时间银行的概念是由美国人埃德加·卡恩提出的，卡恩 46 岁那年，经历了一次心肌梗塞，这次经历让他对生活有了新的理解，从此，他的生活方向发生了改变。

所谓时间银行，是指志愿者将参与公益服务的时间存进银行，当志愿者遭遇困难时就可以从时间银行中支取"被服务时间"。

游戏玩法

我们这个游戏就是根据这一概念演变而来，具体规则如下：

父母跟孩子一起制订计划，设定好每项任务的具体时间，例如：

起床 10 分钟；

做数学作业 30 分钟；

打篮球 20 分钟；

……

每当孩子提前完成任务，就将省出来的时间存到时间银行，可以制作一个时间支取表格，如下图：

计划	实际用时	存入时间	支出时间	备注
起床 10 分钟	5 分钟	5 分钟		
做数学作业 30 分钟	25 分钟	5 分钟		
打篮球 20 分钟	30 分钟		10 分钟	由于起床和做数学作业总共节省了 10 分钟，所以孩子要求打篮球支出 10 分钟

孩子提前完成任务节省出的时间，可以用到个人喜欢的项目上，比如，打篮球多支出 10 分钟，这样就可以起到激励作用，让他们加快做事的速度。

○ 训练目的

通过游戏，孩子们可以意识到时间的宝贵，培养节省时间的习惯。节省出来的时间可以去做自己喜欢的事，这样的设计可以有效提升孩子的做事效率。

战拖联盟

这个游戏需要小朋友之间的互动，可以是孩子的同学，或者是邻居家的孩子，孩子之间一定要互相认识。将各位家长、小朋友拉到一个群里，然后共同制订游戏规则，通过竞赛的方式互相比拼与激励。

⭕ **游戏玩法**

游戏规则可以由各位家长商量决定，然后在微信群里发布任务，例如，周一的任务：

起床 10 分钟；

穿衣服 5 分钟；

洗漱 10 分钟；

……

每个孩子完成任务之后都在群里说一声，然后各位家长记录时间，每天晚上统计后进行排名，并选出最高效率者。

定期组织聚会，让孩子们见面相互总结、交流，然后进行表彰，但是不要惩罚，否则会打击孩子的积极性，影响他们的信心。

看到其他小朋友被表扬、奖励，已经足以从侧面激发他们的能动性。

⭕ **训练目的**

该游戏可以激发孩子的行动意愿，有效避免拖延，还能够让孩子养成竞争意识。

起床大作战

这是一个竞赛类的游戏，每天早上父母跟孩子比一比谁的速度最快，比赛项目包括起床、洗漱、穿衣、吃饭等，最好是一家三口都参与进来，每天进行排名。

⭕ **游戏玩法**

这个游戏很简单，要求父母进行有效配合，比如，爸爸速度快，每次都得第一；妈妈速度慢，每次都排名最后。要让孩子保持在第二的位置，既不会丢掉信心，又有赶超对方的机会。

在这个过程中，父母要进行言语激励，比如，妈妈可以这样说："你太麻利了，等一等妈妈吧。"爸爸则可以说："今天我要得第一了，你要加油哦。"

爸爸不要领先太多，否则会让孩子觉得没有机会超越。当发现孩子表现好的时候，爸爸也要偶尔输掉比赛，让孩子赢得冠军，然后给予奖励，比如，周末带孩子去公园玩。

⭕ 训练目的

　　起床大作战只是一个方面，这个游戏可以运用在很多方面，主要原则是通过竞争意识激发孩子的能动性，让他们迅速行动起来，这个过程能够有效减少拖延行为。

「本章知识点」

▶ 我们拖延的，都是我们不安的

对什么事情感到恐惧、不安，就会导致拖延，这是人们逃避痛苦的本能。研究拖延症的专家丽塔·埃表示："对一项任务的恐惧会比这项任务本身消耗更多的时间和精力。"实际上，令我们痛苦的只是预感本身，一旦开始行动，痛苦感将会降低甚至消失不见。克服的方法就是勇敢面对你所恐惧的学科。例如，你不擅长数学，所以才会感到恐惧、厌恶，而一旦进行了大量练习，可以熟练解答多数题目之后，你就会变得游刃有余，从而克服恐惧感，减轻拖延行为。

▶ 关注过程而非结果

关注结果往往会增加压力，而将精力集中在过程上，学习效果就会好很多。在学习过程中，有一个小技巧，就是标注进度法，例如，用符号标注你的进度。当你背诵完 10 个单词后，可以休息一会儿，在第 10 个单词旁边打上"√"，这种方法不但能让你知道进度，还可以让你看到终点。当终点触目可及时，你就会产生动力，加快速度。

▶ 养成提前准备的习惯

如果知道自己做事磨叽，就应该提前做准备，这样可以在很大程度上避免拖延行为。

▶ 缩短学习任务的时间

学习某一学科的时间越长，难度就越大，占用的意志力资源就越多，导致拖延的概率就越大。如果能够缩短学习任务的时间，往往会更加专注，学习效率也更高。

▶ 养成预留时间的习惯

在执行一项任务时，预留一段时间，一方面可以防止意外情况发生，另一方面可以避免拖延行为。

附录

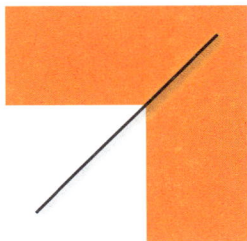

孩子时间管理训练表格模板

每日学习目标	
科目	目标

目标执行表	
目标	执行时间

30 天时间管理训练表		
日期	阶段性训练目标	计划与方法
第一周		
第二周		
第三周		
第四周		

24h 时间记录表					
序号	事件	开始时间	结束时间	问题分析	改进方法
1					
2					
3					
4					
5					
6					
7					
8					
9					
10					

被浪费的时间表					
序号	事件	开始时间	结束时间	用时	浪费的时间
1					
2					
3					

学习任务时间表（课余）			
时间	科目	预计耗时	评估

3W1H 学习计划表			
What（是什么）	Why（为什么）	When（什么时候）	How（怎样进行）

每日学习计划表	
今日重点	
科目	具体任务
时间	具体任务

每月学习计划表							
	Monday	Tuesday	Wednesday	Thursday	Friday	Saturday	Sunday
Week 1	1	2	3	4	5	6	7
Week 2	8	9	10	11	12	13	14
Week 3	15	16	17	18	19	20	21
Week 4	22	23	24	25	26	27	28
Week 5	29	30	31				

学习红星表		
学习任务	具体规则	红星标准
每周总结	记录一周红星数量，给予适当奖励	
奖励方式		

学习黑星表		
学习任务	具体规则	黑星标准
每周总结	记录一周黑星数量，给予适当惩罚	
惩罚方式		

学习积分表		
学习任务	具体规则	评分标准
每周总结	一周结束之后计算总分数	
本周分数		
上周分数		
奖惩方式		